PONTAILLAC ANCIEN

SAINTES. — Imprimerie A. GAY. — SAINTES

A · LACAZE

★

NOTES INTIMES

sur

PORTAILLAC

ancien

suivies

des CONVENTIONS

avec la

Ville de ROYAN

L. Darcy

JEAN LACAZE

ATHANASE LACAZE

NOTES INTIMES

SUR

PONTAILLAC ANCIEN

SUIVIES DES

CONVENTIONS

Avec la Ville de Royan

PONTAILLAC

LIBRAIRIE DU PASSAGE DE L'OCÉAN

ou à la

DIRECTION DES TERRAINS DE PONTAILLAC

—

1893

Une Statue à Royan

« Un entrepreneur de Bordeaux avait re-
» marqué que la plage en cet endroit (Plage
» de Pontaillac), recevait de plein fouet la
» lame du large. *Ce n'est plus l'Océan mitigé*
» *de Royan*, quelque peu mélangé de la
» Gironde. *C'est l'Océan absolu*, avec une
» houle de fondation qui berce agréablement
» le baigneur.
» L'entrepreneur vit dans cette circons-
» tance une spéculation avantageuse, il
» acheta les dunes de PONTAILLAC, et pour
» donner l'exemple, il y éleva une maison.
» ON SOURIT AU PREMIER ABORD DE CETTE
» EXCENTRICITÉ.

» Eugène PELLETAN ».

(La Naissance d'une Ville.)

C'est ainsi que l'humoristique historien de
Royan, Eugène Pelletan, ce rêveur auquel on
vient d'élever une statue qu'on pourrait appeler la
statue de la tristesse, montre l'origine de Pontaillac dans un livre charmant du reste, écrit dans
le genre des « Nouvelles », et qui a pour titre :
« La Naissance d'une Ville » (¹).

Oui, un Bordelais avait remarqué, étant en
villégiature à Royan, que la Gironde arrivait
directement dans la grande conche et mêlait ses
flots jaunâtres à ceux de l'Océan.

Aussi, lorsque dans une de ses excursions il

(¹) Pelletan sur son piédestal semble réfléchir et dire : « Qu'ai-
je donc fait à Garnier pour m'avoir placé ici... ? et cependant
je ne l'avais pas nommé dans LA NAISSANCE D'UNE VILLE. »

rencontra et vit Pontaillac, il dit le premier, et c'est son mérite, que les bains étaient là et non à Royan.

Les natifs de l'endroit, dont était Eugène Pelletan, sourirent de cette déclaration et se moquèrent du pronostic.

Et quand plus tard il jeta comme un défi à l'incrédulité royannaise les fondations de ce nouveau quartier, en élevant sur la falaise la grande construction qu'on voit encore et qui porte aujourd'hui le nom d' « Hôtel de l'Europe », il fut non-seulement regardé comme un excentrique, ainsi que l'affirme Pelletan, mais traité de fou par les pouvoirs obstructionnistes de l'époque.

Pontaillac a eu ainsi à son origine, comme toutes les créations qui étonnent et dépassent les intelligences ordinaires, l'auréole du doute railleur et de l'inquiète jalousie.

Il y a de cela quarante ans !.....

Nous entreprenons aujourd'hui le récit de l'origine, du développement et des destinées de cette autre VILLE NAISSANTE, qui par sa plage a porté si haut la réputation et la fortune de ce pays.

Racontant une œuvre commencée par mon père et que je continue, j'aurais, je le sens, vis-à-vis du lecteur l'inévitable écueil du « Moi », si je ne le prévenais que ce sont des souvenirs personnels qui vont faire l'objet de ce récit auquel nous aurions dû donner le nom de Mémoires, si

nous n'avions préféré le titre plus modeste de
« Notes Intimes ».

Il est encore un autre écueil, c'est le sujet lui-
même que nous nous proposons de traiter et qui
ne peut avoir d'intérêt que pour ceux qui connaissent et aiment Pontaillac et qui désirent le faire
connaître, ce qui est le but de ce livre.

Si encore nous pouvions nous permettre, comme
l'a si heureusement pratiqué l'auteur de la
« Naissance d'une Ville », d'appeler à notre aide,
pour mouvementer et entraîner notre récit, une
scène de la Terreur, où le conventionnel Tallien,
de passage à Royan (?), trouve l'occasion de se
réhabiliter en devenant poli, sous le regard impé-
rieux d'une virago de l'ancien régime ; ou bien
une dissertation sur la primitive instruction
primaire donnée à Royan par le mulâtre Bellamy,
qui, suivant Pelletan, faisait écrire ses élèves sur
le sable pour économiser le papyrus ; ou enfin
l'interview politique d'un général du second
Empire qui se refuse à reconnaître les beautés de
la République athénienne de l'auteur et se défend
de croire que Louis XVI était moins roi que
Parmentier.

. . . .

Et cependant, nous ne cacherons pas le plaisir
que nous avons pris à la lecture de la « Naissance
d'une Ville », ce petit livre écrit pour célébrer
une cité que nous aimons au moins autant
qu'Eugène Pelletan.

Quant à nous, nous nous ferons un devoir étroit, dans le récit que nous allons entreprendre, de ne dire que ce dont nous avons été témoin.

Notre livre perdra ainsi le joyeux coloris de l'invention, mais il aura au moins l'attrait de la vérité (¹)

                                    A. L.

Pontaillac, Pavillon Adélaïde, Octobre 1892.

(¹) Nous sommes étonné qu'Eugène Pelletan n'ait pas parlé dans son histoire anecdotique de Royan d'un fait d'armes qui à lui seul pourrait illustrer une ville et dont le héros mériterait bien à son tour une statue.

Voici comment M. E. Jouy, membre de l'Académie française, s'exprime dans un grand ouvrage in-folio, publié à Paris en 1823, chez Panckoucke, et que nous avons en ce moment sous les yeux :

« Royan que les riverains de la Garonne appellent une ville,
» se compose de quelques maisons reconstruites depuis le siège de
» La Rochelle, pendant lequel les troupes du Cardinal-Roi détrui-
» sirent de fond en comble ses anciens édifices. — La reconnais-
» sance publique A CONSERVÉ LE SOUVENIR HÉRÉDITAIRE DU BRAVE
» COMBO. — Il commandait la garnison de la citadelle, qui se dé-
» fendit pendant VINGT-ET-UN JOURS contre DIX-HUIT MILLE assié-
» geants. Cette garnison obtint une capitulation honorable ; elle
» sortit de la place et défila devant les vainqueurs. — Elle était
» composée de SIX HOMMES ! »

Le souvenir de l'héroïque Combo a dû disparaître depuis 1823, époque à laquelle écrivait M. Jouy, car sans cela on ne dirait pas que la municipalité de Royan avait été en quête de sujets pour décorer ses promenades publiques ! Mais quel magnifique et intéressant groupe à faire en marbre ou à couler en bronze, que Combo et ses CINQ COMPAGNONS !... que de villes nous envieraient un pareil monument !

Ce fait nous paraît si important pour Royan que malgré l'autorité qui s'attache à un ouvrage signé par un membre de l'Institut, nous venons de prier un de nos amis, ancien élève de l'École des chartes et actuellement conseiller du savant Prince de Monaco, M. Gustave Saige, de vouloir bien nous aider à trouver les mémoires du temps où M. E. Jouy a puisé le récit de cette scène héroïque dont notre ville aurait été le théâtre.

I

Une caravane rencontre Pontaillac en 1850

Août commençait : Les diligences de Rochefort, de Saintes, de Blaye, de Mirambeau, et de Mortagne arrivaient chaque jour bondées et la plupart suivies de pataches supplémentaires, oscillant sous des montagnes de bagages. — Un vapeur descendait la Gironde trois fois par semaine et déposait à jour passé les riches familles bordelaises qui préféraient Royan à Arcachon, bien qu'Arcachon fût à leur porte.

La marée montante des arrivants avait déjà
envahi la rue du Casino, qui après deux cents pas
finissait au milieu des champs ; la Grand'Rue, dont
les maisons préféraient comme aujourd'hui encore se regarder que de regarder la mer ; la rue
du Marché, qui conduisait à la chapelle des Sœurs,
seul asile alors des catholiques, et enfin la façade
du port, dont l'alignement s'arrêtait brusquement
au bureau des diligences, qui s'était placé en
travers de la route, pour mieux voir sans doute
arriver ses courriers. (¹)

En un mot, la saison de 1850 battait son plein
à Royan.

Or, si vous vous étiez trouvé un matin, vers
neuf heures, dans la vaste cour ouverte qui précède le temple protestant, et il n'y en avait qu'un
en ce temps là, vous auriez vu dans le désordre
le plus grand une caravane de femmes, d'hommes
et surtout d'enfants, tous montés sur des ânes de
toutes dimensions et de toutes couleurs, qui ne se
ressemblaient que par leur entêtement à marcher
chacun en sens contraire, et cela malgré les
cris, les coups et les invectives de ceux qui, placés
sur eux, les tiraillaient bien impuissamment d'en
haut, tandis que d'en bas trois gamins, leurs
prétendus conducteurs, les houspillaient sans plus
de résultat, de leurs bâtons armés de pointes. —

(¹) La façade du port se terminait alors à la hauteur de l'emplacement qu'occupe aujourd'hui le Café de France.

A Saint-Georges !... A Saint-Georges !..., clamaient les femmes et les enfants, frappant et criant sans que leurs montures fissent autre chose que d'évoluer sur place, tournant sur elles-mêmes, et n'avançant pas plus que dans un cirque. Découragé et probablement humilié au fond de sa monture (car c'était encore un bon cavalier), très étonné peut-être aussi d'avoir affaire à plus autoritaire que lui, un homme de cinquante ans, aux traits fins et d'une grande régularité, quitta brusquement le bât, déclarant qu'il préférait aller à pied. — Mais au lieu de prendre à gauche, c'est-à-dire du côté de Saint-Georges, il prit directement la Grand'Rue à droite, et lorsque les âniers furent parvenus à mettre un peu d'ordre et à donner enfin une direction à la troupe, le cavalier dépité était déjà à une certaine distance. Or, comme c'était le chef de la famille, il fallut s'engager sur ses pas, malgré les protestations intérieures de ceux, et j'en étais, que l'euphonique nom de Saint-Georges avait séduits. (¹)

C'est ainsi qu'après de nombreuses stations dans les méandres de la merveilleuse falaise qui seule à cette lointaine époque conduisait de Royan à Pontaillac, on arriva à onze heures au bord d'une plage déserte, qui était alors sans nom

---

(¹) A cette époque les promenades à âne étaient en vogue. — Du reste, les voitures publiques, en si grand nombre aujourd'hui, n'existaient pas ; on n'en a eu besoin que le jour où Pontaillac a été trouvé.

pour nos voyageurs et peut être même pour leurs conducteurs.

C'était l'heure du déjeuner : l'âne aux provisions fut vivement tiré sur une haute dune en face de la mer et déchargé un peu par tout le monde, à l'ombre incertaine de quelques chênes verts dont les troncs et les branches tordus et souffreteux avaient un air si triste qu'on se demandait pourquoi ces vaincus de l'Océan ne cédaient pas enfin à la tempête et s'obstinaient au contraire à enfoncer toujours de nouvelles racines comme pour la défier.

Pontaillac était trouvé !

Sa conche, que nous appelions alors une plage, ignorant encore le langage du pays, avait tout de suite et très vivement impressionné celui qui était le chef de la caravane ; aussi son déjeuner fut-il rapide et il me pria de descendre avec lui sur le rivage.

La mer s'était retirée ; nous nous trouvâmes au milieu d'une vaste enceinte que nous prîmes pour une colossale piscine, taillée de main d'homme dans le roc : à droite et à gauche, de grandes excavations que nous appelions des grottes et auxquelles dans notre enthousiasme nous donnions des noms, comme pour en prendre possession ; sous nos pieds, un parquet des plus unis, des plus propres et des plus moelleux, insensiblement incliné vers la mer.

Nous voulumes évaluer l'étendue de cette enceinte ; mon père, puisqu'il faut le nommer, compta ses pas en se dirigeant de la falaise droite vers la falaise gauche et inscrivit cette première quantité; revenant ensuite au milieu de la ligne qu'il venait de tracer, il éleva, toujours au pas, une perpendiculaire, jusqu'où le flot s'était arrêté; puis revenant vers moi, témoin de ce sommaire mesurage géométrique, il s'écria : — Trois mille personnes au moins peuvent se baigner ici et c'est ici que désormais on se baignera, — va rejoindre ta mère, dis-lui de ne pas m'attendre. Je pars, voulant me rendre compte de la distance qui sépare ce lieu de Royan; je vais m'orienter et passer au plus court à travers champs. Il n'y avait en effet, à cette époque, nous le répétons, ni route ni sentier vers Royan.

Le soir mon père ne reparut que tard à Royan dans la maison, qu'il avait louée dans la Grand' Rue et qui est celle qui fournissait alors et qui fournit encore aujourd'hui la seule eau potable à ce grand quartier (¹). Nous l'appelions la maison de la Fontaine. Les noms de *villa* et de *chalet*, si communs et si drôlatiquement prodigués depuis, n'existaient pas encore.

Mon père était réellement triomphant ; il connaissait le nom du désert que nous avions parcouru le matin. Il se nommait Pontaillac !

(¹) On étudie en ce moment à Royan une distribution d'eau qui suivant nos conventions comprendra Pontaillac (voir à l'appendice l'article 28 des Conventions).

Il n'avait mis, disait-il, que vingt minutes pour revenir, et il évaluait ainsi à deux kilomètres la distance qui pouvait séparer Royan de Pontaillac par une route.

Il eût commandé immédiatement cette route s'il avait eu le pouvoir de l'implanter sur les terrains qu'il avait traversés. Son enthousiasme débordait et envahissait déjà nos jeunes imaginations. C'est une ville à créer, disait-il, et je la ferai ! Les bains sont là-bas et non ici, car la mer est là-bas !... Je n'ai qu'une inquiétude, Royan n'a pas d'eau, puisque c'est à notre puits que tout le quartier s'approvisionne. Aurai-je de l'eau à Pontaillac ? et, préoccupé de cette pensée, il alla le soir même chez la seule personne qu'il connût alors, chez le pharmacien de l'endroit (il n'y en avait qu'un). Ce pharmacien était un peu médecin et beaucoup pharmacien, et à cette double fonction il avait ajouté pour remplir les vides de son temps, la plume de greffier de la justice de paix.

Les malins de l'époque disaient même qu'il était plus juge que greffier. En somme et pour tout le monde, M. Cheylack, que je nomme avec plaisir, était une intelligence ! .

Mon père fit connaître à son ami sa découverte du matin ; il lui fit part de sa foi dans le rôle prépondérant que devait jouer Pontaillac dans l'avenir de Royan. Le pharmacien souriait, c'était son habitude ; il écoutait, mais sans conviction. Mon père ne fit pas ce jour-là un adepte à ses idées ; il apprit toutefois de M. Cheylack que les terrains en regard de la conche appartenaient à l'Etat : que l'Etat les céderait très probablement, mais que, quant à trouver de l'eau potable en cet endroit, il y avait à craindre les infiltrations marines. — Pour savoir cela, répondit mon père, un peu impatient, il faut un puits et comme les terrains appartiennent, dites-vous, à l'Etat, et qu'il serait trop long de demander une autorisation, je ferai dès demain creuser un puits, qui me servira en même temps de sondage pour reconnaître la nature du sous-sol ; si l'Etat m'attaque, je me défendrai en lui montrant mes projets. — Le puits fut commencé le lendemain à l'endroit qu'occupe aujourd'hui la place de Pontaillac ; ce puits existe encore et l'on doit y élever prochainement une fontaine publique. (¹)

Deux mois après, mon père rentré avec sa famille à Bordeaux, recevait de son très complaisant ami M. Cheylack une petite caisse renfermant une bouteille et accompagnée d'une très savante analyse qui concluait ainsi : « Eau excellente ».

Maintenant que j'ai de l'eau, nous dit mon père, en nous faisant part de l'envoi de son ami de Royan, je vais demander à l'Etat de me vendre ses Dunes de Pontaillac.

(¹) Voir à l'appendice, l'article 13 des Conventions.

II

Une adjudication manquée

Huit jours après l'envoi de M. Cheylack, une demande de concession des *Tannes* de Pontaillac, c'était la désignation de l'époque, fut adressée par mon père à la Préfecture de la Charente-Inférieure à La Rochelle.

D'où vient cette désignation de Tannes que conserve encore le quartier du bas Royan? Je l'ignore, mais elle a dû précéder le complet envahissement des sables et l'on doit supposer que cette partie du rivage de la mer était complantée

de nombreux chênes verts, *glas* vert, *tann,* chône,
en langue armoricaine et surtout de fougères,
tannaya en sanscrit ; à de plus experts, de nous
rectifier si nous nous trompons.

Ces terrains n'avaient pas appartenu de tout
temps à l'Etat, comme on pourrait le supposer.
L'Etat, voulant fixer les dunes qui s'étaient formées
en cet endroit, rencontra six propriétaires qui
cultivaient dans les parties basses les céréales et
surtout la vigne. Il s'empara du sol, fit les
travaux de fixation et offrit, ensuite, aux anciens
maîtres du terrain, de rentrer dans leur propriété
en lui remboursant toutefois ses dépenses. Les
propriétaires évincés n'ayant pas voulu accepter
cette combinaison qu'ils jugeaient sans doute
onéreuse, l'Etat continua à conserver et à entretenir le semis de pins maritimes qu'il avait fait
en vue d'arrêter ce sol mouvant. Voilà comment
l'Etat se trouvait, en 1850, propriétaire de 24 hectares de terrain sablonneux aux abords de la
conche de Pontaillac.

La demande de mon père avait trouvé auprès
de l'ingénieur de Royan, où elle avait été ren-
voyée pour y être instruite, une faveur et un
zèle qu'on rencontre rarement dans les Bureaux.
L'Ingénieur avait appris comme bien d'autres,
que mon père se proposait de construire à Pontaillac et même d'y commencer, disait-on, une
ville ! — L'exécution d'un puits n'était pas étrangère à ce bruit. La nouveauté et, disons-le, l'étran-

geté du projet avait excité la lente activité bureau-
cratique et l'avait fait sortir de sa formule
ordinaire : « Hâtons-nous lentement, quelque
ordre qui nous presse. »

Donc, l'ingénieur de l'époque, Monsieur Botton,
dont le nom appartient aujourd'hui à l'un des
principaux boulevards de Royan, boulevard que
du reste il avait créé au nom et aux frais de l'Etat
propriétaire des terrains qui le bordent (¹), s'était
hâté de dresser ses plans et de donner un avis
favorable à la mise en vente non plus des *Tannes*
mais des *Dunes* de Pontaillac. Le nom était
changé, mais la chose restait la même (²).

Dans un rapport joint à son plan, M. Botton
concluait à la mise en adjudication immédiate
de ces Dunes, adjudication qui ne devait cependant avoir lieu que deux ans plus tard !

On le voit, le bureau de Royan avait hâte de

(¹) La commune est en instance pour obtenir de l'Etat la
cession de ces terrains, convertis en promenades : mais les
ingénieurs d'aujourd'hui peu touchés, sans doute, de la gloire
accordée à deux de leurs prédécesseurs, MM. Lessore et Botton,
qui représentent chacun à Royan un boulevard, demandent, dit-on,
de ces terrains des prix de spéculateurs !

(²) On lit en effet sur un plan dont une copie se trouve annexée
à nos titres de propriété la mention suivante :

« Plan des DUNES de Pontaillac dont la concession est sollicitée
par Monsieur Lacaze. »

Vu et approuvé :
La Rochelle, le 13 Décembre 1850.　　　　Royan, le 12 Décembre 1850.

L'Ingénieur en Chef,　　　　　　　　*L'Ingénieur ordinaire,*
Signé : JOB.　　　　　　　　　　　　Signé : BOTTON.

mettre à l'épreuve l'annonce si pompeuse d'une ville à créer à côté de Royan.

Il ne serait pas exagéré en effet de dire qu'à ce moment-là les esprits réputés les plus sérieux et même les plus clairvoyants regardaient comme une folie la déclaration de mon père, cependant si nette et si décisive en principe : que les Bains de Mer ne doivent être que là où se trouve la mer ! Or, la position avancée de Pontaillac sur l'Océan, son admirable conche placée en dehors des courants du fleuve sur lequel Royan est assis, auraient dû faire prévaloir immédiatement auprès d'esprits non prévenus mais simplement attentifs, cette haute prévision de l'avenir.

Personne cependant n'y croyait, nous ne cesserons de le répéter; le succès de Royan, qui n'était qu'un succès d'estime, suffisait aux plus grandes ambitions royannaises.

Rien, disait-on, ne saurait être en dehors de Royan et de sa conche, qu'on appelait, comme on l'appelle encore, la *grande conche*, bien que ce soit une plage immense sans limites pour ainsi dire et sans falaises.

Telle était l'opinion de ceux qui avaient fait ou avaient contribué à faire cette station qui était encore une des moindres de l'Océan. Les Royannais d'alors étaient contents de peu !

Un hasard, hasard étrange, en vérité, devait du reste donner raison pour un moment au doute qui s'était emparé de l'opinion publique.

En effet, la mise en adjudication, demandée comme on l'a vu en 1850, n'eut lieu qu'en 1852.

Mon père non seulement ne vint pas, mais il n'. ait chargé personne, pas même son ami, M. Cheylack, de le représenter.

M. Cheylack l'avait-il prévenu de cette vente publique ?

L'administration elle-même, comme elle l'aurait dû, l'avait-elle averti ou bien mon père, que ce délai de deux ans avait dû refroidir, avait-il à ce moment-là renoncé à son projet ? Je l'ignore ; — voici seulement ce que j'ai retenu pour le lui avoir souvent entendu dire : c'est qu'il n'apprit non pas la mise en adjudication, mais l'adjudication elle-même de Pontaillac, que quelques temps après, de la bouche du docteur Pouget, médecin inspecteur de la station balnéaire de Royan, qui habitait comme nous Bordeaux.

M. Pouget vint à la maison nous annoncer qu'une Société composée de huit Royannais avait été déclarée adjudicataire des Dunes de Pontaillac au prix de 8,025 fr. 00 !...

Ce fut alors et dans cette entrevue que mon père demanda au docteur Pouget s'il voulait marcher avec lui ; qu'étant Inspecteur des bains de Royan il jugeait son concours utile; et sur la réponse affirmative de ce dernier, il partit pour Royan dans le but de racheter Pontaillac : je l'accompagnais. — Après avoir descendu la Gironde en bateau jusqu'à Blaye où nous couchâmes, nous prîmes le lendemain la diligence qui conduisait alors de Blaye à Mirambeau et de Mirambeau à Royan en huit heures.

Nous descendîmes à Royan dans la principale auberge du pays qu'un véritable monument remplace aujourd'hui, mais qui porte toujours le même nom : « Hôtel de Bordeaux. »

Dès notre arrivée, mon père vit M. Cheylack, le pria de demander à ses associés s'ils voulaient l'accepter lui et le Docteur Pouget dont il était le mandataire, pour chacun une part dans leur marché. M. Cheylack porta immédiatement la proposition de mon père à ses coadjudicataires, et le lendemain 18 mai 1852, le nombre des propriétaires des dunes de Pontaillac n'était plus de huit, mais de dix ! — C'était, en vérité, beaucoup trop ! Mais nous étions dans la place, et l'on va voir comment mon père comptait user de son titre de *dixième* dans cette entreprise de huit mille vingt-cinq francs qui depuis... nous en ferons probablement connaître un jour le résultat !

Le soir même où mon père était entré pour un dixième dans Pontaillac, nous avions à dîner non pas M. Cheylack comme on serait prêt à le supposer, mais un capitaine au long cours, un homme alors très connu et très estimé à Royan, M. Fradin.

Vous êtes donc, lui dit mon père, huit adjudicataires des Dunes de Pontaillac, et dix mainte-

nant avec le Docteur Pouget et moi. Que
voulez-vous faire? Aviez-vous l'intention de créer
une Société pour l'exploitation de ces terrains? —
Était-ce pour construire que vous vous étiez
associés? Si cela est, je suis des vôtres. — Mais
nous ne voulons rien faire (sic), répondit très
naïvement le capitaine Fradin : c'est M. Cheylack
qui, voyant que vous ne vous présentiez pas, nous
a proposé de devenir avec lui acquéreurs de ces
dunes. Il avait déjà pris avec M. Prévost deux
emplacements sur la conche de Royan que
l'Etat adjugeait au même moment, mais il voulait
pour Pontaillac, qui était un plus gros lot, partager l'aventure avec un plus grand nombre,
et voilà pourquoi nous l'avons suivi. Mais croyez
bien que nous n'exposerons pas un sou au delà
de ce que nous devons chacun à l'Etat, qui, du
reste, nous a donné deux ans pour le payer.

Comment ! répliqua mon père, vous ne voulez
rien faire à Pontaillac !... Mais alors cédez-moi
votre part ; que vos associés me cèdent leur part.
Je double non pas votre mise, puisque, dites-vous,
vous n'avez encore rien versé, mais je prends
d'abord votre place d'adjudicataire et paierai dans
les délais prescrits, et ensuite, je compte à l'instant à chacun de vous le montant même de son
prix d'adjudication. Les adjudicataires de la
veille allaient ainsi prendre le rôle de l'Etat : ils
allaient à leur tour adjuger Pontaillac !

J'accepte pour moi, répondit immédiatement

M. Fradin, et je crois pouvoir dire que tout
le monde me suivra.

Le lendemain, cinq autres adjudicataires avaient
suivi l'exemple du capitaine ; ils avaient comme
lui capitulé entre les mains de mon père. (¹)

Mᵉ Bec, notaire et maire de la ville, avait ajouté
ce jour-là six numéros à son répertoire !

Restaient comme imprenables en dehors du
Dʳ Pouget que mon père désirait certainement
conserver, M. Cheylack, et un nommé Prévost,
entrepreneur plus connu alors à Saintes qu'à
Royan. M. Cheylack avait reçu de mon père,
comme on l'a vu, les chaudes confidences de la
première heure. Il voyait par conséquent devant
lui un homme convaincu et, bien que sans foi
dans son acquisition de Pontaillac, à laquelle
il préférait de beaucoup son acquisition sur la
grande conche, il comprenait que si des terrains
« de Pontaillac » il ne devait rien espérer, il
devait au contraire attendre beaucoup d'un
étranger qui sans être propriétaire avait déjà
creusé un puits et se promettait de faire d'importantes dépenses. Son co-acquéreur M. Prévost
pensait par lui comme lui : ils ne voulaient rien
faire, mais laisser faire.

---

(1) Il paraîtra intéressant de connaître les noms de ceux qui
ont volontairement cédé leur part de Pontaillac à mon père ; ce
sont : MM. Jacques Fradin, Elysée Talbot, Charles Besse, Pierre
Maudet, Pierre Delhoumeaud et Charles Geay.

III

Encore trois années d'attente

Le lendemain des cessions dont nous venons de parler, nous avions à déjeuner le Dr Pouget, qui venait d'arriver de Bordeaux, et M. Cheylack, qui tous deux savaient déjà que nous possédions sept parts de Pontaillac.

Il y a bien longtemps de cela, mais je me rappelle, comme si je venais de les entendre, les paroles que mon père adressa à MM. Pouget et Cheylack dès le commencement du repas.

Le début surtout me frappa de la part de mon

père, caractère peu ondoyant, qui allait droit
à l'obstacle pour s'y briser ou l'enlever, et qui
n'avait jamais su ce que c'était que de tourner une
difficulté. — Mon cher Docteur, dit-il en s'adres-
sant avec infiniment de douceur dans la voix
à M. Pouget, vous, vous m'êtes nécessaire,
indispensable même ; vous êtes l'inspecteur de
cette station, j'ai besoin de vous. Donc je vous
tiens et ne vous ne lâcherai pas, quelques conditions que vous mettiez à rester avec moi ; quant
à moi je ne vous en ferai qu'une, celle de prendre
part à mes bénéfices, si j'en réalise. Veuillez donc
vous regarder comme étranger à ce que je vais
pouvoir dire. — Et se tournant alors vers M.
Cheylack, qu'il tenait sous son grand regard si
troublant que je ne me rappelle pas avoir jamais
regardé mon père en face : mais vous, M. Cheylack,
dit-il, que voulez-vous faire avec votre associé
Prévost à Pontaillac ? Sachez que je ne veux pas
de M. Prévost ; vous, et malgré votre peu de
confiance en mes idées, je vous accepterai comme
associé. Mais alors quelles sont vos intentions ?
Avez-vous acheté Pontaillac parce que vous
croyez à l'avenir de Pontaillac ? Non, vous ne
vous seriez pas mis huit pour faire une acquisition
d'une si minime importance.

Si cependant je me trompe, dites-moi l'apport
que vous voulez faire pour créer Pontaillac, je
vous laisse libre d'en fixer le montant et nous
resterons ensemble. Mais je vous le répète,

débarrassez-moi de Prévost ; qu'il prenne son dixième de terrain s'il le désire, mais je ne veux avoir rien de commun avec lui.

Et maintenant, ajouta-t-il, déjeunons et n'en parlons plus.

Le diplomate pharmacien que cette finale avait mis à son aise, se contenta de répondre : « Je verrai Prévost. »

Trois mois après cette entrevue, M. Cheylack n'avait pas vu M. Prévost. Mon père, rentré à Bordeaux et dans ses affaires, paraissait satisfait de la large part qu'il possédait à Pontaillac et se promettait bien d'être un jour l'unique maître de ces Dunes.

Pendant ce temps, il avait pris pour son représentant, dans la localité, le même homme qui avait creusé le puits dont nous avons parlé ; un homme moitié maçon, moitié manœuvre dont la figure très intelligente et un peu gauloise lui avait plu. (¹)

Antoine, (²) c'était son nom, avait la garde des Dunes de Pontaillac ; il administrait au nom de mon père ces terrains boisés qui n'exigeaient

---

(1) Le type gaulois se rencontre encore en Saintonge et s'il m'était permis de le nommer, je citerais un pasteur protestant d'une petite commune très voisine de Royan qui est un représentant de ce type dans toute sa pureté.

(2) Antoine Mongoumard, âgé aujourd'hui de 80 ans, vit encore sur une petite propriété qu'il avait achetée avec les économies de sa gestion de Pontaillac.

qu'une simple surveillance contre les maraudeurs des villages du Chay et de Saint-Pierre.

Mon père l'avait nommé lui-même, et sans autre formalité, son garde particulier et, comme il le payait de ses deniers, ni M. Cheylack ni son associé M. Prévost n'avaient rien trouvé à redire à la chose.

Antoine ajoutait à son emploi de garde de la forêt la qualité d'homme d'affaires et je n'en ai pas connu de plus expert pour tâter un propriétaire terrien.

Mon père l'avait chargé d'acheter plusieurs parcelles, qui joignaient les Dunes de Pontaillac, principalement sur la falaise sud de la conche.

La propriété en Saintonge est très morcelée. Ce morcellement ne vient pas, comme on pourrait le supposer, de ventes ou volontaires ou forcées. Non, il procède d'un sentiment élevé, de cet amour si tenace et si héroïque aujourd'hui que le paysan porte à la terre.

Le paysan saintongeois succédant à son père ne vend pas, mais partage et comme la famille y est encore nombreuse, vous voyez ce que devient après une ou deux générations un arpent de bois ou de pré !

Aussi, Antoine devait-il s'adresser souvent à cinq ou six propriétaires différents pour pouvoir réunir et acheter une parcelle de trois ares.

Ce fut pour réaliser quelques-unes de ces

acquisitions préparées par l'intelligente persé-
vérence de son homme d'affaires, que mon père
revint à Royan.

Il revit M. Cheylack. Le renoncement de
M; Prévost toujours entrevu et jamais arrivé,
impatientait mon père. — Attendez, disait l'impas-
sible M. Cheylack. Cet homme ne s'appartient
pas ; il a de nombreux travaux à Saintes, il
cédera peut-être sa part. Et comme mon père,
plus pressé que M. Cheylack, parlait de bâtir un
grand four à chaux en vue des constructions
à venir, M. Cheylack, qui voyait dans ce projet
un moyen d'entretenir le feu sacré de mon père
et de calmer en même temps son impatience, ne
cessait de lui répéter : « Mais faites votre four
» à chaux et si un jour il fallait absolument
» partager les terrains, nous reconnaîtrions
» vos dépenses ou mieux nous vous laisserions
» le terrain sur lequel vous l'auriez édifié. »

Et mon père, voyant quelque chose à ordonner,
oublia un moment M. Prévost et commanda un
four à chaux à Antoine, qui se trouva ainsi élevé
au rang d'entrepreneur. (¹)

---

(1) Le véritable entrepreneur de mon père qui, lui, était complètement étranger à la bâtisse, fut un nommé Fidèle Bouyard.
Le fils de cet entrepreneur, bien connu à Royan où il a été con-
ducteur des Ponts-et-Chaussées et conseiller municipal, nous a
raconté l'étrange séquestration dont il avait été victime de la
part de mon père. — Voici dans quelles circonstances: « J'avais,
» me dit M. Raymond Bouyard, 12 ans; votre père, pour faire plaisir
» sans doute au mien, m'emmena avec lui un matin à Bordeaux où

Ce four fut édifié à l'emplacement même qu'occupe aujourd'hui la place de Pontaillac. Nous le destinions notamment à fournir la chaux qui devait être nécessaire pour une très grande construction (depuis, le grand Hôtel de l'Europe) que nous nous proposions d'élever sur le terrain actuel de la place si nous en devenions rapidement propriétaires, ou sur un terrain qu'Antoine venait d'acheter sur la falaise. Nos préférences étaient alors, je m'en souviens, pour un des terrains de la place.

Pendant ce temps nous avions demandé à la municipalité d'ouvrir une route entre Royan et Pontaillac.

Nous avions aussi engagé un menuisier du Chay à construire quelques cabanes sur la plage. L'exemple du menuisier fut bientôt suivi par un nommé Jousse, alors fabricant de briques à Pontaillac, fabrication que nous avions encouragée lors de la construction du four à chaux, bien que cette fabrication ne fût pas irréprochable.

» il avait conservé comme pied-à-terre une de ses maisons que
» lui seul occupait dans ses fréquents voyages. Or, le soir après
» m'avoir conduit, Cours de l'Intendance, chez son tailleur où il
» commanda pour moi un magnifique costume dont j'étais déjà
» fier, nous rentrâmes et comme j'étais très jeune et peut-être un
» peu peureux, votre père me renferma à clé dans la chambre
» qu'il m'avait donnée. Le lendemain matin, M. Lacaze prit le
» bateau et m'oublia. A son arrivée à Royan, son entrepreneur,
» qui l'attendait sur le port, réclama naturellement son fils et votre
» père épouvanté de son étrange distraction fit partir à l'instant
» un exprès pour me délivrer. »

Mon père avait ainsi voulu se montrer reconnaissant vis-à-vis du premier habitant et du premier industriel de ce désert. ([1])

On était déjà loin du jour de l'adjudication des Dunes, et M. Prévost persistait toujours dans un silence dont ne pouvait le tirer le pacifique temporisateur M. Cheylack.

Mon père rentré à Bordeaux résolut d'en finir et de sortir d'une situation qui le forçait à une inaction peu compatible avec son caractère.

Il assigna ses co-propriétaires, en vue de faire cesser l'indivision. L'affaire avait été confiée à un tout jeune avoué du Tribunal de Marennes, qui débutait alors et qui depuis s'est fait une si grande réputation de talent dans la défense et de sagesse dans les conseils. ([2])

Ce procès se termina par une licitation générale des Dunes qui eut lieu au profit de mon père, le 25 septembre 1855. Cette licitation avait été suivie et poussée à 32.000 francs par un étranger ([3]) qui depuis est venu se fixer à Royan, où il est très connu comme mélomane, et surtout pour une

---

(1) Le sieur Jousse, était propriétaire de la métairie qu'on trouve sur la droite en allant à Vaux, immédiatement après le petit pont de Pontaillac.

(2) Nous voulons parler de M. Louis Sauvat, toujours avoué à Marennes et qui nous a souvent rappelé que mon père lui avait donné son premier grand dossier.

(3) Il est à remarquer qu'aucun Royannais ne se présenta à cette nouvelle adjudication des Dunes de Pontaillac.

cantate en l'honneur du chef actuel de l'édilité.
Ne voulant pas blesser sa modestie qui est, dit-on,
excessive, je ne le nommerai pas, me contentant
de le désigner par son talent apprécié par les uns,
méconnu par les autres; mais qui dans ce monde
n'est pas contesté! Heureusement, dirons-nous
en terminant, que Pontaillac échappa ce jour-là à
cet ami d'Erato et d'Euterpe.

IV

Un Journaliste

Mon père venait enfin d'entrer en possession de Pontaillac après cinq années d'attente et de luttes.

Nous connaissions alors l'homme le plus distingué de la presse bordelaise, M. Justin Dupuy, directeur du journal *La Guienne* et représentant à Bordeaux du Prince qui, plus tard, préféra conserver sur ses enseignes les fleurs de lys que de prendre la Couronne de France.

Nous lui fîmes part de la bonne nouvelle et l'invitâmes à venir voir Pontaillac.

Nous partîmes tous les deux sur le petit vapeur le *Trim*, qui conduisait alors et de temps en temps, car son service était aussi irrégulier que

lent, les quelques voyageurs qui, en dehors de la
saison d'été, se rendaient de Bordeaux à Royan.

Le *Trim*, que commandait le capitaine Fradin,
dont nous avons déjà parlé, possédait un restau-
rant très renommé pour ses vins. Les restaurants
de nos grands steamers d'aujourd'hui sont loin
de nous avoir fait oublier celui du minuscule
Trim.

Le voyage durait sept heures; on le savait et on
n'en était pas trop effrayé, prévoyant pour inter-
mède un long et appétissant déjeuner sur l'eau.
Quoique voyageant avec un saint, je m'étais
cependant préoccupé de ce soin; j'avouerai même
que cette pensée n'était pas pour moi sans un
certain soulagement dans l'embarras où j'étais,
étant jeune, d'accompagner dignement ce que je
regardais alors comme une puissance : un journa-
liste, un homme qui s'adressait tous les jours au
peuple dans un langage que j'admirais !

Partis de Bordeaux à 8 heures du matin, nous
arrivâmes vers 3 heures à Royan. Une voiture
nous attendait pour nous conduire, non pas à
Pontaillac même, mais près de Pontaillac, la route
demandée par mon père n'étant pas encore terminée. On faisait alors les routes par tronçons et
par annuités, suivant les crédits successifs dont
pouvait disposer le budget communal. Que les
temps sont changés ! Je ne m'en plaindrais pas si,
dans la direction donnée au vaste réseau qui
sillonne aujourd'hui en tous sens la commune, on

n'avait pas très souvent suivi la direction bien plutôt du bon plaisir et du caprice que celle de l'intérêt général.

Arrivés près de Pontaillac, mais avant de descendre dans la conche dont nous étions séparés par une montagne de sable, Justin Dupuy voulut suivre la falaise, aller jusqu'au *Bec-des-Brandes*, pour se rapprocher de ce grand Océan que son imagination devait lui montrer comme un gigantesque et éternel lutteur ; et peut-être lui trouvait-il quelque ressemblance avec cette lutte également incessante et de tous les jours, qu'il poursuivait lui-même depuis tant d'années, pour Dieu et le Roi.

Du Bec-des-Brandes, nous gagnâmes la conche, descendant de rocher en rocher et glissant quelquefois sur les algues qui recouvraient alors beaucoup plus qu'aujourd'hui, les gluantes et humides plataines. (C'est ainsi qu'on appelle les roches plates qui émergent à marée basse et que le flot recouvre ensuite.)

L'admiration de Justin Dupuy fut égale à celle de mon père et à la mienne lorsque nous avions aperçu pour la première fois cette splendide piscine. Mon illustre compagnon n'hésita pas à dire à son tour que c'était là et là seulement qu'on devait se baigner. Il avait vu en arrivant à Royan la grande conche : il avait pu juger de sa position en face du fleuve et de sa trop vaste étendue pour un rendez-vous de bain ; cela lui

avait suffi pour porter ce jugement plein
d'enthousiasme.

Comment, me disait-il, on a attendu aussi
longtemps pour découvrir une aussi belle chose
qui était cependant depuis des siècles aux portes
de Royan ! Comment, votre père seul a su voir !...
Il est, me dit-il, des choses réellement troublantes,
car vous supposez bien avec moi, que vous n'avez
pas été les premiers à venir de Royan ici ; mais
ceux qui vous ont précédés n'ont pas su voir :
« *oculos habent et non videbunt* ». Cela arrive,
ajouta-t-il, plus souvent qu'on ne le croit ; il n'y
a que les privilégiés qui sachent voir *même
les choses matérielles.....* et donc dans les choses
de l'esprit !...

Il fallut visiter la forêt bien que l'heure du
dîner approchât.

Je veux tout voir, me disait-il ; je dînerai mieux
et plus satisfait.

Nous gravîmes les Dunes et elles étaient nombreuses. — Mais, vous allez pouvoir, me dit-il,
créer ici un Eden ! Quels mouvements de terrain !
Quelle vue de ces hauteurs, et quels précieux abris
contre les grands vents de mer, dans ces fonds
ombreux ! Et revenant vers la conche, pour aller
rejoindre notre véhicule, il s'écria : Cette position
sur l'Océan est mille fois supérieure à celle
d'Arcachon, aussi je vous prédis un très grand
succès ; le CŒUR DE ROYAN est ici, et je désire que
les ROYANNAIS LE COMPRENNENT. Royan ne sera

supérieur à Arcachon et comparable à Biarritz que lorsqu'il aura Pontaillac! Quant aux autres plages célèbres, les plages normandes, nous, sur l'Océan, nous n'en parlons même pas.

Il ne fut question dans la soirée que de Pontaillac, des projets de mon père et il fut convenu entre nous que je ferai relever géométriquement tous les terrains et dresser un plan *en relief* de ces pittoresques Dunes. (¹)

Nous rentrâmes le lendemain à Bordeaux, l'imagination pleine de Pontaillac et d'admiration pour ce splendide et incomparable estuaire de la Gironde que nous venions de parcourir deux fois.

Je pus dire à mon père que son ami Justin Dupuy avait vu comme nous et que son enthousiasme était égal au nôtre.

Le lendemain *la Guienne*, dans un article signé de son directeur, donnait pour la première fois au public le nom jusqu'alors inconnu de Pontaillac. (²)

---

(1) Ce plan existe et je dirai plus tard pourquoi il n'a pas été suivi.

(2) Justin Dupuy fut un homme que tous les partis à Bordeaux entourèrent de la plus haute estime. Il est resté dans la presse bordelaise comme le modèle du publiciste. Jaloux de la dignité de sa profession, il savait faire respecter de ses adversaires eux-mêmes ses irréductibles principes par une science, une sincérité et une urbanité qui devraient se rencontrer toujours chez l'homme qui se croit ou qui s'est gratuitement donné la mission de diriger l'opinion dans les affaires publiques.

V

Pose de la 1ʳᵉ Pierre. — Les premiers Colons
La chapelle de la Falaise

Au mois de mars mil huit cent cinquante-six, on posa sur la falaise la première pierre de la Villa Je n Lacaze (¹), depuis Hôtel de l'Europe, en présence de MM. Justin Dupuy, Henry Ribadieu, collaborateur de M. Justin Dupuy, Hugon et Dupac, venus exprès de Bordeaux.

C'était la première construction élevée à Pontaillac qui ne portait alors aucune trace d'habitation humaine, si on excepte cependant la métairie Jousse dont nous avons parlé dans un précédent chapitre, mais qui en fait, se trouvait et

(1) C'est la première construction qui a pris dans le pays le nom de VILLA (voir à ce sujet le plan de Royan par Dagail).

3

se trouve encore en dehors du périmètre de ce qu'on est convenu d'appeler Pontaillac.

Je n'ai pas pu retrouver dans les cartons de mon père, le procès-verbal de cette cérémonie, procès-verbal dressé, je me le rappelle, en vers latins et en vers français par M. Justin Dupuy. Ce procès-verbal renfermé dans un vase en verre recouvert d'une chape de plomb fut scellé et déposé sous la tour du Nord.

Chacun des assistants reçut des mains de l'entrepreneur, Fidèle Bouyard, à qui nous en avions donné l'ordre, une truelle en argent sur laquelle se trouvaient gravés la date de la fondation de Pontaillac et les noms des invités.

La seconde construction fut celle de M. Videau, entrepreneur à Bordeaux : un rez-de-chaussée sur la façade de la conche qui est devenu ensuite l'hôtel qui porte actuellement le nom de « Grand Hôtel de Pontaillac. »

La troisième fut une maison avec pérystile en pierre sur la façade, elle appartenait à M. Larnaudès-Beaufeu, de Bordeaux.

La quatrième fut une maison également à pérystile toujours sur la façade ; elle appartenait à Madame Albert Bellon. Cette maison vient d'être achetée et reconstruite par M. Busquet, de Bordeaux.

La cinquième fut construite par M. Hugon, toujours sur la façade.

Ce fut la première série.

Dans la seconde série, nous trouvons comme acquéreurs de terrains et comme constructeurs :

MM.

Saint-Lanes.

Paul Tanet.

Robert de la Mahotière.

Le comte Henry de Verthamon d'Ambloy.

L'abbé Despax, depuis curé de St-Michel de Bordeaux.

Henry Ribadieu.

Pierre Pradié, ancien député, secrétaire de l'Assemblée législative en 1848.

Benjamin Calaret, qui fit élever sur la façade la Villa, qui porte actuellement le nom de « Villa Prima » ce qui est bien un petit anacronisme, à moins que l'on ait voulu dire que cette maison est la première, non par rang d'ancienneté, mais..... je n'achève pas, je craindrais de blesser la modestie de son propriétaire actuel qui lui a dernièrement donné cette pompeuse désignation.

Telle fut la première colonie de Pontaillac dans laquelle on chercherait vainement un nom Royannais.... Les Royannais n'y croyaient pas !

Et maintenant pourquoi toutes ces maisons de la façade ont elles été construites en bordure sur la voie publique, à l'exception de la villa Prima.

Il m'est pénible de le dire, mais en vérité ces premiers colons ont tous gravement péché contre le bon goût d'abord et contre leurs intérêts ensuite et surtout contre l'intérêt général de Pontaillac :

ils habitaient la ville dirons-nous, et ils ont
construit comme on construit en ville où l'on ne
veut pas perdre un pouce de terrain.... Etrange
économie en vérité, ici surtout où les terrains
coûtaient alors un franc le mètre carré !

Nous devons faire ici une mention particulière
de M. Henry de Verthamon, que mon camarade
et ami Edmond de Marcellus, son neveu, et moi
avions emmené à Pontaillac.

M. le comte Henry de Verthamon d'Ambloy,
a été le plus grand constructeur de Pontaillac;
malheureusement il a fait la fortune bien plutôt
des entrepreneurs, que celle de Pontaillac qui lui
reprochera toujours d'avoir construit sur mur
mitoyen.

Rappelons un jeu de mots de ce gentilhomme
dont le nom restera à Pontaillac, malgré le reproche que nous venons de lui adresser.

Nous venons de dire qu'il avait fait la fortune
de ses entrepreneurs ; or, il en avait trois, dont
un avait su gagner un peu plus que les autres, sa
confiance. Il disait d'eux en jouant sur leurs
noms : « Fidèle n'est pas Franck; Franck n'est
pas Fidèle et Baudet n'est pas un âne ! » Baudet
était son entrepreneur préféré. Ces entrepreneurs
que j'ai connus et sur les trois il en reste encore
un, Franck, répétaient eux-mêmes cette spiri-
tuelle boutade qui eut à l'époque un très grand
succès sur les chantiers.

M. le comte Henry de Verthamon, a vécu ses

dernières années à Pontaillac ; on lui doit en grande partie la petite chapelle bâtie sur la falaise. Cette chapelle est la propriété du Couvent des Dames de l'Assomption de Bordeaux, dont une des nièces de M. de Verthamon était alors supérieure.

Il n'est peut-être pas sans intérêt aujourd'hui surtout, de faire l'historique de cette fondation.

Je n'étais plus à Pontaillac que j'avais dû abandonner depuis de longues années.

Cependant voici ce que j'ai pû apprendre, mon père étant mort, de personnes très autorisées et de M. de Verthamon lui-même qui à ma rentrée en 1872, se plaisait, quoique déjà très souffrant, (il mourut l'année suivante), à s'entretenir longuement avec moi de l'avenir de Pontaillac.

On voulait qu'une chapelle fut construite à Pontaillac sur un terrain que mon père offrait sur la Grande Place. (Aujourd'hui place de Pontaillac).

Or, il y avait en ce temps là, à la cure de Royan, un homme, un saint, mais un saint entêté, entêtement pieux du reste, comme on va l'apprendre.

Ce saint prêtre dont la figure faisait rêver d'un ascète, songeait de son coté en voyant en quels misérables lieux Dieu était adoré, dans sa chère paroisse de Royan. — Il voulait lui aussi, non pas une modeste chapelle, mais une grande et belle Eglise dont la flèche s'élèverait bien haut et

montrerait la direction du Ciel à ses biens aimés
paroissiens !

Et c'est à ce moment là que M. de Verthamon,
mon père et plusieurs autres qui s'étaient associés
à ce pieux projet, vinrent troubler le rêve que
l'Abbé Mazure, entretenait depuis longtemps
devant Dieu...

. . . .

— Une chapelle à Pontaillac !... s'écria-t-il,
mais vous n'y pensez pas, Messieurs, vous vous
trompez certainement, vous voulez parler de mon
Eglise, de l'Eglise que Dieu réclame à Royan :
car c'est une honte pour moi et pour vous de voir
dans une ville comme la nôtre, le bon Dieu réfugié
dans un misérable sanctuaire d'hospice ! (1)

Allez, Messieurs, priez pour mon Eglise et
oubliez votre projet qui ne pourrait que retarder
le mien en divisant le zèle des fidèles. Jamais,
sachez-le, je n'autoriserai votre construction. (2)

— Tout le monde était atterré.

M. de Verthamon, seul, ne désespérait pas
encore ; il envoya quelque temps après à la cure
ce qu'on peut envoyer à une cure...... Mais rien
ne put fléchir l'inflexible abbé qui pensait, hélas !
avec beaucoup de ses paroissiens de l'époque, que
tout ce qui pouvait augmenter Pontaillac ne pou-

(1) Chapelle des sœurs de la charité.

(2) C'est sous l'Abbé Mazure que la belle Eglise Notre-Dame de
Royan, a été construite et inaugurée en 1877.

vait que diminuer Royan ; funeste pensée qui,
partagée jusqu'ici par les pouvoirs publics, que
nous ne venons de vaincre, ou plus courtoisement
si l'on veut, de convaincre, que dans ces derniers
témps (¹) aurait pu enrayer la marche en avant de
tout le pays.

Une petite chapelle fut alors construite sur la
falaise dans la commune de Vaux (²) et par conséquent en dehors du territoire de M. l'Abbé
Mazure. L'obstacle était tourné.

Et, puisque nous avons été amené à parler de
cet oratoire dont l'origine fut comme on le voit
bien tourmentée, qu'il nous soit permis d'anticiper
sur les évènements et d'ouvrir tout de suite, un
chapitre à la construction de l'Eglise qui va
aujourd'hui réaliser si complétement les vœux
d'antan du regretté comte Henry de Verthamon
d'Ambloy, et de ceux qui comme mon père,
avaient voulu une chapelle au centre de Pontaillac et surtout sur le territoire paroissial.

* * *

---

(1) Voir les conventions passées avec la Ville de Royan.

(2) Cette chapelle fut construite en 1870.

VI

Notre-Dame-des-Anges

Au mois de décembre 1887, nous adressâmes au public l'appel suivant, dans une circulaire imprimée que nous fîmes parvenir à chacun des propriétaires de Pontaillac et de la Grande Avenue de Pontaillac à Royan que ce projet intéressait.

Cette circulaire appartient aujourd'hui à l'histoire de l'église dont nous avons commencé la construction, car elle en donne les causes et origine ; c'est pour cela que nous croyons devoir la reproduire textuellement.

CIRCULAIRE

adressée aux propriétaires de Pontaillac et de la grande avenue de Royan à Pontaillac

« MESSIEURS,

» Le service catholique de Pontaillac s'est fait jusqu'ici dans la chapelle privée des Dames de l'Assomption de Bordeaux, située sur un terrain étranger à la commune de Royan.

» Cet état provisoire, né de circonstances exceptionnelles que chacun de vous connaît, devait un jour cesser.

» Il est contraire, en effet, aux principes de l'église qu'une population aussi importante que celle de Pontaillac, échappe à son Pasteur naturel qui ne peut être que celui du territoire paroissial.

» Aussi cette situation anormale frappa dès son entrée à la cure de Royan, monsieur l'Abbé Portier, aujourd'hui archiprêtre de Rochefort.

» Monsieur l'Abbé Portier vint, en effet, nous exprimer le regret qu'il avait de ne pouvoir s'occuper directement des intérêts religieux de Pontaillac et nous manifesta le désir de voir construire sur son territoire paroissial une chapelle en rapport avec la population de Pontaillac si nombreuse en été.

» Cette initiative spontanée de M. le Curé de Royan nous émut et nous fûmes heureux de lui

offrir tous nos moyens personnels d'action et
notamment le terrain nécessaire pour la réalisation de son pieux projet.

» Notre offre fut immédiatement et très
gracieusement acceptée. Quelques temps après,
Monseigneur l'Evêque de la Rochelle, accompagné de son vicaire général, M. l'Abbé Petit,
aujourd'hui évêque du Puy, daigna sur l'invita-
tion de M. l'Abbé Portier, se rendre auprès de
nous, pour examiner par lui-même et sur place,
l'importance de notre station, reconnaître la
nécessité d'un service paroissial et choisir un
emplacement pour la construction d'une succursale de Royan en remplacement de la chapelle
privée des Dames de l'Assomption autorisée par
mesure purement provisoire pour l'exercice du
culte public.

» Depuis, le successeur de M. l'Abbé Portier à
la cure de Royan, M. l'Abbé Dionnet, est venu
nous déclarer qu'il adhérait, de son côté au projet
de construction d'une chapelle paroissiale à Pontaillac et nous avons pu dernièrement déterminer
ensemble l'importance de l'emplacement (mille
mètres carrés) que doit occuper cette chapelle sur
l'avenue de Paris.

» En présence de cette manifestation du clergé
de Royan et du bienveillant assentiment de
Monseigneur Ardin, nous croyons, Messieurs,
agir dans l'intérêt général en vous faisant connaître les favorables intentions du clergé à l'égard

de notre cité et en vous engageant à concourir
à la prompte édification d'une chapelle paroissiale
et cela dans les conditions que vous trouverez
exposées dans le projet ci-contre que j'ai l'honneur
de vous soumettre. (¹)

> Veuillez agréer M..., mes sentiments les
plus distingués.

ATHANASE LACAZE.

Décembre 1887.

Que les temps sont changés et combien eussent
été heureux M. de Verthamon et mon père, si le
clergé de Royan était venu à eux comme nous
avons eu le bonheur de le voir venir à nous.

Cette circulaire ne nous procura cependant que
quelques souscripteurs parmi lesquels M. l'Abbé
Portier, chanoine honoraire et archiprêtre de
Rochefort ; M. Charles Barry, avocat au conseil
d'État, étranger à Pontaillac mais un de nos
amis ; M. l'Abbé Dionnet, Curé doyen de Royan ;
M. Arthur Bonnet, ingénieur des Ponts-et-
Chaussées, attaché à Paris à la Cⁱᵉ des Chemins
de Fer de l'Ouest ; M. Bonnet, architecte à Saint-
Jean-d'Angély ; MM. Darey, Dalmont, Bonvalet
et Arcouet, propriétaires à Pontaillac. Mais ces

---

(1) Ces conditions étaient et sont encore les suivantes : Création
d'une Société civile au capital de 60.000 frans divisé en actions;
de fondateurs (1000 fr.;) actions ordinaires (500 fr.;) parts d'action
(100 fr.;) productives d'intérêt à 4 °/₀. (Voir à l'Appendice les Statuts du Comité de construction de cette église).

offrandes peu considérables étaient bien plutôt des marques de sympathie que de réel dévouement à notre œuvre.

Peu de temps après notre circulaire nous recevions la visite d'une personne qui quoique étrangère à la localité s'intéressait vivement à notre projet et qui nous demanda de vouloir bien lui permettre de nous interroger.

Comme cette conversation que nous avons notée au moment, rend encore la physionomie actuelle de la question, à part que, comme exécution la question est heureusement aujourd'hui en grande partie résolue, nous demandons la permission de raporter cet interview. (¹)

— « Puisque vous avez déjà une chapelle me dit M. X..., pourquoi en construire une autre : ne craignez-vous pas qu'on dise que vous voulez élever autel contre autel ? Est-ce que dans ces conditions vous ne trouverez pas de l'opposition de la part même des habitants de Pontaillac habitués à cette chapelle et espérez-vous vaincre cette opposition locale ? Je sais bien que vous dites que la chapelle actuelle est insuffisante pour la population d'été : mais alors pourquoi ne pas viser simplement à l'agrandir. — Elle se trouve, il est vrai, sur le territoire de la commune de

(1) L'achèvement de l'église de Notre-Dame-des-Anges étant une des grandes préoccupations du moment, nous n'hésitons pas à donner à cette importante question un certain développement en vue de vaincre les dernières résistances, s'il en existe encore.

Vaux, c'est bien une anomalie, mais n'est-ce pas vous même, c'est-à-dire les propriétaires de l'époque, qui avez commis cette faute, si du moins c'est une faute, car pour moi la célébration du culte n'a rien à voir dans la délimitation conventionnelle des communes. Un simple ruisseau vous sépare de Vaux et ce ruisseau est infiniment plus minuscule que le Rubicon; je ne vois donc pas là sujet à querelle, car vous ne devez pas vous dissimuler que cette question de chapelle va former deux camps et le vôtre d'après le bruit public ne sera pas le plus nombreux. Vous voyez que je ne vous ménage pas les objections. »

— » Tout ce que vous venez de me dire, répondis-je, on me l'a déjà dit : mieux encore, je me le suis dit à moi-même bien avant de lancer ma circulaire. Car vous ignorez peut-être que ce projet remonte à deux ans.

» J'ai donc pris, comme vous le voyez, plus de temps qu'on en prend ordinairement, surtout à notre époque, pour examiner et apprécier bien sérieusement et surtout bien sincèrement ce que valaient les objections que je me faisais et que vous venez de reproduire.

» Je dois d'abord vous dire et du reste ma circulaire vous l'a déjà appris, que je ne suis et n'ai jamais été seul à préparer ce projet; que j'ai de bons répondants et que c'est avec eux que je me suis présenté au public ; vous connaissez leurs noms et l'autorité qui dans l'espèce s'attache à ces noms.

» Je pourrai donc me contenter de vous rappeler que deux Evêques, notre Evêque d'abord et Monseigneur Petit, Evêque du Puy, ont à l'origine daigné examiner et étudier la question sur place et ont très positivement et très énergiquement, déclaré que la construction d'une nouvelle Eglise était d'une nécessité absolue.

» Il a été également reconnu et constaté alors, et ceci répondra, je l'espère, à vos objections que je vais suivre dans leur ordre :

» Premièrement : que la construction de la chapelle actuelle ne répondait, ni par ses dimensions, ni par son architecture, à l'importance de Pontaillac : que pour lui donner l'aspect architectural et les dimensions d'une chapelle en rapport avec les nécessités de la localité, il faudrait refaire la façade, élever les murs latéraux, la charpente, en un mot rebâtir et agrandir ce petit bâtiment.

» Que du reste cette réfection presque totale perdrait toute sa valeur extrinsèque dans un terrain, aussi étroit et surtout caché et masqué sur les côtés par les constructions voisines.

» Secondement : que le développement de Pontaillac se produisant naturellement dans l'intérieur de la forêt, la chapelle actuelle devenait de jour en jour moins centrale ;

» Troisièmement : qu'enfin cette chapelle se trouvait dépendante de la paroisse de Vaux, tandis que Pontaillac à quelques maisons près, dépend entièrement de la paroisse de Royan.

» Qu'un service paroissial était nécessaire et indispensable par suite des grands et incontestables avantages qui lithurgiquement sont attachés à ce service, et que la population de Pontaillac, principalement en été, exigeait la *solennité*, la *régularité* et la *continuité* que le clergé paroissial seul est à même de donner au culte public.

» Qu'ainsi c'était pour la plus grande prospérité de Pontaillac, qu'il convenait de construire à Pontaillac même et dans un endroit central, une église digne de ce nom pouvant répondre aux besoins actuels et à l'inévitable et nécessaire accroissement de Pontaillac.

» Tendre à ériger Pontaillac en paroisse c'est permettez-moi de le dire, poursuivre un but qui devrait être mieux compris et surtout plus chaudement défendu par tous les propriétaires sans distinction, non-seulement de Pontaillac mais des deux avenues qui relient Pontaillac à Royan, car les intérêts du haut Royan sont intimement liés à ceux de Pontaillac.

» Vous voyez donc que construire en plein Pontaillac, sur un terrain dépendant de la paroisse de Royan, une grande et spacieuse chapelle, ce n'est pas élever autel contre autel, mais bien dresser un autel digne de Pontaillac et commencer à donner à Pontaillac l'importance et les avantages qui s'attachent au titre de paroisse. Or, Pontaillac n'arriverait jamais à posséder ce titre si l'on conservait les choses en l'état, c'est-à-dire

si on n'élevait pas à Pontaillac même une église.
Je crois que les quelques opposants dont vous
me parlez cesseraient immédiatement leur opposition si *ce dont je doute*, ILS AVAIENT RÉELLE-
MENT COMPRIS LA PORTÉE RÉELLE DE MON PROJET,
car il n'y a pas un seul intéressé à la prospérité
de cette considérable annexe de Royan, qui no
désire au fond voir un jour Pontaillac érigé en
paroisse. Il est vrai que ce sont précisément ces
opposants qui carressent le rêve pour moi *actuellement* chimérique, de voir Pontaillac érigé en
commune à moins qu'ils ne veuillent que tout
Pontaillac suive leur chapelle et rentre dans
Vaux !...

» — Connaissez-vous quelques opposants parmi
les propriétaires de Pontaillac ?

» — Je les connais tous et il y en a de trois
sortes : les premiers sont ceux qui sans aucun
parti pris que celui de l'habitude, désirent que la
chapelle actuelle qu'ils fréquentent depuis longtemps, soit maintenue dans ses avantages actuels.
Ces mêmes personnes oublieront vite la petite
chapelle des sœurs lorsqu'elles constateront
que le service religieux est fait avec plus de
solennité et d'autorité par le clergé paroissial.

» — Vous regardez alors les opposants de cette
première catégorie comme une quantité négli-
geable.

» — Absolument ; leur opposition comme celle

de bien d'autres, devant cesser, en présence des faits accomplis.

» — Il existe une seconde catégorie d'opposants, ce sont les voisins de la chapelle actuelle qui croient qu'ils doivent au voisinage de cet oratoire le succès de leurs immeubles, succès réellement prodigieux, car certains rapportent plus de 12 %.

» — Je comprends en effet que ceux-là ne viendront jamais à vous.

» — Détrompez-vous ; ils sont actuellement sous l'influence d'un mirage : ils veulent attribuer à la Chapelle qui peut y entrer pour quelque chose, c'est vrai, leur colossal succès oubliant ou mieux ne voulant pas voir aujourd'hui que ce succès vient surtout de leur situation.

» Ceux-là encore comprendront un jour que nous avions raison de vouloir une Eglise paroissiale, une église digne de Pontaillac et leur conversion, passez-moi l'expression, ne fait aucun doute pour moi.

» — Mais les propriétaires actuels de la chapelle, les Dames de l'Assomption, de Bordeaux ?

» — Oui, restent ceux qui reçoivent et conservent les bénéfices produits par la chapelle, produits qui, dit-on, sont importants.

» Que ceux-là soient et restent toujours les adversaires déclarés de notre projet, nous ne chercherons pas à les convaincre.

» Mais cependant, il nous sera permis de leur rappeler ici qu'ils tiennent de la générosité des

4

propriétaires de Pontaillac, la chapelle dont ils ont fait leur propriété depuis près de vingt ans.

» Qu'aucune augmentation de construction quoique cependant bien nécessaire, depuis au moins dix ans, n'a eu lieu.

» Qu'aucune réparation, pas même d'entretien n'a été faite : que la Verrière de la Rose attend toujours, depuis huit ans, qu'on remplace ses carreaux brisés par la tempête.

» Qu'il n'y a eu aucune dépense d'ornementation intérieure que les murs sont toujours nus ; que cette chapelle ne paie sur ses revenus que les honoraires du desservant mais les honoraires d'*été* seulement, car remarquez-le, le service du restant de l'année est directement payé à M. le Curé de Vaux, au moyen d'une cotisation particulière des propriétaires de Pontaillac et j'ai été, avec M. Lebeau, le premier, à procurer ce service de binage en 1872.

» — Certes, les Dames de l'Assomption auraient mauvaise grâce à se plaindre, si les choses se sont passées, et se passent ainsi que vous le dites.

» Savez-vous combien a coûté cette chapelle ?

» — J'ai dans mes cartons un devis de l'époque dressé par l'entrepreneur ordinaire de mon père, un nommé Fidèle Bouyard ; le voici et vous voyez qu'il s'élève à 14 mille francs. Je ne sais, car dans ce temps là j'habitais Toulouse, si Fidèle Bouyard, a exécuté à ce prix, ou s'il a eu un concurrent. Or, un seul propriétaire a donné pour cette construction 10 mille francs.

» — Avez-vous demandé, comme on le dit, la fermeture de cette chapelle ?

» — Non. Je crois que cette chapelle nous sera longtemps utile ; mais par exemple j'ai demandé que tous les privilèges qui sont dans le pouvoir de l'évêque, soient exclusivement réservés à l'église projetée et cela m'a été très positivement et très explicitement accordé et notre devoir sera, au moment venu, d'user des déclarations si formelles et si décisives que j'ai reçues par deux fois de la bouche même de Monseigneur Ardin.

Il eut été en effet et vous le reconnaîtrez, bien imprudent de ma part de lancer sans aucune garantie, une entreprise aussi importante et aussi difficile à notre époque.

» — Pensez-vous que les pouvoirs publics approuveront votre projet ?

» — Oui, le Conseil municipal émettra un avis égoïste peut-être mais favorable au fond et l'Administration supérieure, je le sais, nous autorisera ([1]).

» — Dans quel style construirez-vous votre Eglise ?

» — Il n'y a rien et il ne peut y avoir encore rien d'arrêté sur le genre et l'importance de notre future chapelle ; je puis seulement vous dire que

---

([1]) Un decret du 5 décembre 1892, inséré au Bulletin des Lois, a autorisé la création de l'église.

je m'en occupe très sérieusement et que je ferai
en sorte qu'on écarte avec soin tous les faux airs
de Cathédrale.

» J'ai personnellement indiqué à l'architecte
diocésain ce qui me paraîtrait convenir à Pontaillac et je suis heureux de vous dire que le
simple croquis que voici, emprunté à l'époque
de transition et que j'ai communiqué à Monseigneur Ardin ainsi qu'à M. l'archiprêtre de
Rochefort et au Doyen de Royan, a été unanime-
ment approuvé comme idée générale.

» — Pensez-vous pouvoir poser prochainement
la première pierre ?

» — La première pierre ? j'ignore quand on
pourra la poser car la souscription n'a pas encore
donné, mais je compte beaucoup que la Providence viendra à mon aide et cela prochainement.

» — Je vous désire alors, me dit en se levant
mon très distingué interlocuteur, un grand et
prompt succès, car Pontaillac mérite aujourd'hui
comme vous le dites plus qu'un oratoire ; il a le
droit d'aspirer à devenir paroisse et pour cela il
lui faut une Eglise qui lui appartienne et que cette
Eglise soit par sa position centrale, par ses dimensions et son architecture, digne de l'avenir qui est
réservé à Pontaillac. »

Bien que ce soit anticiper étrangement, comme
nous l'avons déjà dit, sur la suite des évènements,
nous ne pouvons nous défendre d'ajouter que les
fondations de la Chapelle dont nous parlions

dans notre circulaire de 1887 et dans l'interview
que nous venons de reproduire, ont été com-
mencées le 28 janvier 1891. ([1])

La Providence nous avait envoyé au mois
d'octobre 1890, deux généreux auxiliaires, ce qui
nous permit de préparer définitivement et de
commencer immédiatement cette œuvre de foi et
de progrès.

Rappelons en terminant que la première pierre
de Notre-Dames-des-Anges, a été solennellement
posée le 2 février 1891. ([2])

M. l'Abbé Dionnet, chanoine honoraire, curé
doyen de Royan, accompagné de M. l'Abbé
Guénon, curé de Saint-Pierre et de M. l'Abbé
Nau, vicaire de Notre-Dame de Royan, présidait
cette cérémonie à laquelle assistait avec nous M.
Eugène Denis, trésorier de l'œuvre. Une foule
des plus sympathiques venue de tous les côtés
entourait l'emplacement de la chapelle.

La sacristie, le sanctuaire et les six premières
travées de la nef sont aujourd'hui terminés et ont
pu être livrés au culte le 2 août 1891.

Il reste encore à exécuter une travée et le

---

(1) Cette construction moyen-âge qui couvrira lorsqu'elle sera
terminée 456 mètres carrés, appartient à cette célèbre époque
de transition du plein ceintre à l'ogive (XII et XIII° siècle) époque
où l'art Roman avec l'abondance et la richesse massive de ses
matériaux, fit place à un art de ligne inconnu jusqu'alors, à
l'ogive qui elle au contraire ne semble tirer sa force que de sa
légéreté et de sa grâce aérienne.

(2) Voir à l'Appendice, le texte du procès-verbal de cette pieuse
cérémonie.

porche avec sa façade à tourelles ; soit encore
neuf mètres de longueur à construire.

Nous n'omettrons pas de dire qu'au cours des
travaux, sa Grandeur Monseigneur Ardin, alors
évêque du diocèse et aujourd'hui archevêque de
Sens, a bien voulu visiter nos chantiers et a
daigné nous témoigner sa plus vive satisfaction.
Ce n'est pas une Chapelle, disait sa Grandeur en
signalant les grandes et heureuses proportions de
l'édifice, c'est une Eglise et une très jolie Eglise.
Nous nous sommes empressé, bien entendu, de
renvoyer ces éloges à M. Rullier, dont la réputation n'est plus à faire dans la contrée comme
architecte des monuments religieux et à M. Barillier, le sculpteur de Saint-Martin-de-Tours et de
Notre-Dame de l'abbaye si célèbre de Solesmes.
M. Barillier s'était fait connaître à nous par ses
sculptures monumentales du Casino de Royan.

VII

Le 1er plan illustré de Pontaillac. — Plan général de lotissement

On se rappelle que lors de notre voyage à Pontaillac avec M. Justin Dupuy, j'étais tombé d'accord avec lui · pour faire immédiatement relever et dresser un plan en relief des dunes.

Or, il existait alors à Bordeaux, un géomètre du nom de Colany, parent de ce même M. Colany, qui après la guerre de 1870, opta pour la France et vint demander pendant quelques années l'hospitalité à Royan, où il construisit sur la grande

concho uno maison qui porto encoro lo nom do
Strasbourg !

Le géomètre Colany, passa environ six mois à
Pontaillac, dans la Chartreuse de M. Hugon, où
j'avais installé son bureau ; il releva avec une très
consciencieuse exactitude chaque dune, chaque
pli de terrain qu'il modéla ensuite en terre glaise
sur une épaisse table en chêne et c'est là dessus
que nous fîmes notre division.

Nous avions représenté les allées par un
menu gravier incrusté dans l'argile : sur les hauteurs et dans les vallons, nous avions placé de
petits chalets empruntés à ces boites de jouets
d'enfants qu'on fabriquait alors en grand nombre
et qui contenaient également des arbustes au
feuillage de bois peint en vert.

Ces arbustes nous servaient à représenter les
grands pins relevés sur le terrain.

Ce plan en relief était du plus bel effet et fixait
d'autant plus l'attention qu'on en connaissait
l'exactitude mathématique.

Le projet était séduisant et je triomphais déjà
avec mon géomètre, lorsque mon père vint sur ma
demande examiner notre œuvre que nous trouvions superbe ! Après une heure d'étude, mon père
nous déclara que ce que nous avions fait était
une très belle image. — Vous avez voulu suivre,
nous dit-il, les divisions naturelles du terrain et
ménager les hauteurs, c'est très beau, mais ce
n'est pas pratique.

Si Royan avait une clientèle de millionnaires,
ajouta-t-il, votre division serait peut-être bonne ;
mais je connais ceux qui fréquentent Royan :
ce sont surtout des Bordelais et quoique très
riches, vous ne trouverez pas parmi eux d'ama-
teurs, qui veuillent se soumettre à votre plan,
c'est-à-dire donner à une seule habitation comme
vous le demandez, 5 et 6 mille mètres de terrain
et même plus car vous avez des lots à une seule
maison plus considérables encore. — Ce n'est
donc pas marchand, ce n'est que curieux et à ce
titre, me dit-il, tu pourras garder ce plan : mais
pour moi, il faut une autre division.

Jamais château de carte en tombant, ne rendit
plus capot un industrieux enfant !

J'avais saisi l'observation ; je la trouvais juste
et cherchais alors à me distraire dans les yeux
démesurément agrandis de mon géomètre stu-
péfait !

— Jamais, disait M. Colany, on n'obtiendra un
plus bel effet d'ensemble. Ce sera une ville
féerique !

— Oui, répondait en souriant mon père, mais
alors trouvez-moi des millionnaires pour monter
cette féerie : moi, je n'en vois pas.

Pour me consoler, je demandais à mon père de
m'autoriser à faire non pas une photographie,
l'art de Daguerre n'était pas encore parvenu à
ces hauteurs, mais une simple lithographie en
noir de ce que Colany et moi appelions un chef-

d'œuvre. Mon père qui ne voyait, lui, dans ce chef-d'œuvre qu'un simple objet de curiosité qui ne répondait pas à l'utilité qu'il en attendait, me répondit qu'il ne comprenait pas la nécessité de faire une nouvelle dépense pour un plan qui ne devait pas servir.

Je ne me tins pas pour battu et m'adressais alors aux quelques propriétaires qui avaient déjà commencé à construire et leur proposais à eux, moins algébriques que mon père, de faire éditer au moyen d'une souscription le plan Colany : ce plan, leur disais-je, servira de plan réclame, de plan affiche et c'est ainsi que j'eus, mais longtemps après et que j'ai encore un *Pontaillac illustré*, sur lequel figurent les premières constructions de l'époque.

Le rêve de Justin Dupuy et le mien, se trouva ainsi réalisé, mais sur le papier seulement.

Sur ce plan illustré on voit une chapelle au fond de la forêt et à la même place qu'occupe actuellement le Pavillon Adélaïde. La pensée d'une chappelle hantait déjà les esprits. (¹)

Nous recommançâmes M. Colany et moi sur nouveaux frais, comme on dit au palais. Nous

(1) Mon père avait tellement le désir de construire une chapelle à Pontaillac, qu'il acheta vers cette même époque, à la fabrique de Notre-Dame de Bordeaux, de nombreuses stalles en bois de chêne sculpté qu'on avait dû enlever pour agrandir le chœur de ce magnifique sanctuaire. — Mais M. l'Abbé Mazure, comme on l'a vu dans le chapitre précédent, ayant ôté à mon père tout espoir de chapelle à Pontaillac, mon père céda ces boiseries à la charmante Eglise Romane de Médis, voisine de Royan.

dressâmes un plan de lotissement tel que le voulait mon père.

Voici le résumé de cette étude.

Le terrain faisant face à la conche représentait un très grand triangle ; ce triangle se trouvait compris entre actuellement la première partie de l'Avenue Clémence-Isaure, (132^m) l'Avenue de Paris, alors chemin d'exploitation (325^m) et la façade de la Conche (353^m 80).

Il n'y avait qu'un soin à prendre pour la division de ce triangle, mais ce soin était des plus délicats et des plus importants pour l'avenir de Pontaillac.

Il s'agissait en effet d'éclairer et surtout d'aérer la forêt qui se trouvait derrière et on devait par conséquent ménager de nombreuses et larges voies donnant passage à la brise de mer et rendant en même temps facile aux terrains reculés l'accès de la conche (¹).

C'est pour cela qu'on trouve si multipliées et si près à près les voies ouvertes sur la façade appelée aujourd'hui façade de Verthamon.

(1) A cette époque qui avait précédé celle de M. Haussmann, une voie de dix mètres paraissait large. — Qu'on ne s'en étonne pas puisque bien après on n'a donné à la principale artère du Parc de Royan, qu'une largeur de huit mètres, sur laquelle on avait même prévu la pose d'une voie ferrée pour le passage d'un tramway ; de telle sorte qu'après l'établissement du tramway, il fallut décider si ce seraient les voitures ou les piétons qui passeraient. On fut obligé de supprimer le tramway sur une très grande partie de cette avenue. Cette avenue sera toujours une des grandes fautes du tracé du Parc soit par sa direction qui étant parallèle à la mer empêche la brise de mer d'entrer, soit par son peu de largeur qui ne permet pas l'établissement de trottoirs.

Le lotissement de ce grand triangle étant fait, M. Colany et moi nous nous occupâmes de tracer sur le terrain une voie droite partant de l'angle de la façade de la conche et se dirigeant vers Royan à travers d'immenses dunes (¹).

Le tracé de cette voie, nous donna à gauche et à droite, deux immenses polygones.

Nous allons nous occuper de celui de droite.

Ce polygone se trouvait compris entre la première route alors inachevée qui avait été ouverte entre Royan et Pontaillac (aujourd'hui Boulevard de Cordouan) et le tracé de la route nouvelle que nous venions de projeter (aujourd'hui Grande Avenue de Pontaillac à Royan).

Dans ce premier polygone nous délimitâmes une place publique en forme de quadrilataire, représentant 5.584 mètres de superficie et ayant deux de ses côtés appuyés l'un à la route que nous venions de tracer (Grande Avenue de Pontaillac), et l'autre à la route en cours d'exécution de Pontaillac à Royan (Boulevard de Cordouan). (²)

Nous avions réservé sur le côté sud de cette même place des terrains à bâtir de 25 mètres de profondeur. Nous comptions que ce serait là qu'on

(1) Dans un chapitre que nous devons consacrer à la voirie de Royan, nous aurons à parler longuement de cette artère qui est aujourd'hui la principale et la plus belle de Royan.

(2 Cette place qui n'a plus que 2.380 mètres figure ainsi que la promenade des Dunes dans un acte public de 1856, c'est-à-dire dès l'origine de Pontaillac. Nous avions ainsi toujours voulue cette place et c'est une erreur de croire que nous ne l'avions prévue qu'à la demande d'un de nos acquéreurs.

édifierait un jour des hôtels dominant l'Océan et à l'abri de la grande reverbération de la mer, de la poussière et du bruit des voitures ce qui avait toujours éloigné de la façade de la Conche mon père, qui avait le pressentiment de l'avenir.

A l'extrémité ouest de la place nous projetâmes une voie de 10 mètres de largeur, passant sur la crête des Dunes, à 28 mètres au-dessus du niveau de la mer et contournant une chaîne ininterrompue de hauteurs sur cinq cents mètres de longueur. Cette voie aérienne eut été du plus bel effet.

Peu de temps après M. Pierre Pradié, ancien secrétaire du corps législatif, nous acheta un emplacement sur cette même voie.

Or, M. Pierre Pradié dont le nom nous est particulièrement cher à raison des bienveillantes relations qu'il voulut établir alors avec nous, me demanda d'abandonner le projet de cette route des Dunes. Il désirait construire (¹) et pour cela il voulait acheter en dehors de l'emplacement qu'il avait acquis de nous, tous les terrains qui le séparaient du Boulevard actuel de Cordouan. Ce versant lui paraissait indispensable pour ses projets et il demandait pour pouvoir l'annexer, la suppression de la route aérienne que nous avions tracée. Nous eûmes, nous l'avouons, la faiblesse de céder à la demande de M. Pradié.

(1) Villa « Pradié » si gracieuse alors et si mutilée depuis par son propriétaire actuel.

C'est ainsi que je vis une seconde fois mon projet de lotissement complètement défiguré de ce côté là. Mais cette fois mon père n'entrait pour rien dans ce que je regardais comme une mésaventure ou mieux une faute de ma part et c'en était réellement une. Je laisse au public d'aujourd'hui le soin d'en juger.

Le second polygone, situé comme nous l'avons déjà dit, à gauche de l'Avenue projetée de Pontaillac à Royan, se trouvait compris entre cette Avenue et le chemin dit d'exploitation (aujourd'hui Avenue de Paris.)

La division de ce polygone ne présenta aucune difficulté.

On continua à ménager des voies pour éclairer la partie de la forêt située après le chemin d'exploitation.

Restaient alors à lotir les immenses terrains qui se trouvaient séparés par le chemin d'exploitation sur une longueur de huit cent cinquante mètres environ, des terrains dont nous venons de parler.

Il fut décidé qu'on tracerait un immense quadrilataire parallèlement au chemin d'exploitation, c'est-à-dire de 850^m de longueur sur 100^m de profondeur ; qu'on prolongerait toutes les voies déjà projetées sur la façade et sur le second polygone et que le surplus du terrain servirait de Parc. (¹)

_____

(1) C'est la désignation qu'on trouve sur un acte public de 1856.

Tel fut le projet de lotissement général préparé par M. Colany et moi et accepté par mon père, mais ce projet fut grandement modifié par nous en 1883. C'est ce que nous expliquerons lorsque nous ferons l'histoire de PONTAILLAC MODERNE.

VIII

Budget et Voirie. — Le Préfet Boffinton.
Le comte de la Grandière.

Pour parler sur un sujet aussi grave que celui
du budget et de la Voirie de Royan, il faudrait,
je l'avoue bien humblement, que j'eusse été au
moins *Conseiller municipal !!!*...

Or, la première fois qu'on m'offrit ici de me
porter sur une liste, j'eus la mauvaise grâce de
répondre par un « Non » si énergique, que celui
qui se croyait *in petto* mon cornac politique (car
la politique filtrait déjà partout) n'insista pas et
me prit sinon pour un naïf, il savait peut-être le

contraire... mais au moins pour un excentrique, ne pouvant croire que je n'étais que sage !

Après cet aveu, de ma répugnance profonde pour toute fonction élective à notre époque, entrons dans l'historique des deux grandes voies qui relient aujourd'hui Pontaillac à Royan.

Mais avant de parler de ces voies, il convient de dire un mot de la métropole, c'est-à-dire de Royan-ville.

ROYAN-VILLE

Royan fait et n'a jamais cessé de faire nous nous plaisons à le reconnaître, tous ses efforts pour s'haussmanniser malgré l'évidente insuffisance de ses ressources budgétaires qui atteignent à peine deux cent mille francs !

Son maire actuel, était déjà conseiller général lorsqu'il entra au conseil municipal dont il devint le chef en 1870. Il a conservé de ses premières fonctions, cet esprit moyen-âge qui est celui de presque tous les conseillers généraux, prêts, lorsqu'ils se trouvent en opposition avec le pouvoir central, à réclamer l'autonomie sinon du département du moins de la commune, car ils ont le privilège d'être ordinairement maires en même temps que conseillers généraux.

« Je n'aurais jamais rien fait, me disait un jour
le maire de Royan, si j'avais dû attendre les
approbations préfectorales ».— Il est vrai que s'il
a appris à se passer des préfets, les préfets
auraient mauvaise grâce à user rigoureusement
de leur pouvoir vis-à-vis de cet aimable révolté
qui se montre si gracieux pour eux lorsqu'ils
viennent visiter sa petite principauté ! — Il n'est
pas un préfet, et ils ont été nombreux cependant
depuis 1870, qui en prenant possession de son
département à La Rochelle, n'apprenne encore
aujourd'hui que la géographie de la Charente-
Inférieure ne doit pas être lue dans Elysée Reclus,
mais dans les cartons du maire de Royan, qui
regarde sa ville comme la première et la plus
importante du département et veut qu'elle soit
considérée et traitée comme telle par les pouvoirs
publics !

Jugez si les Royannais sont fiers de cette prétention de leur maire à la primauté départementale !....

Quelque temps avant l'Administration actuelle,
Royan avait eu pour maire un gentilhomme,
M. le comte de La Grandière, qui pendant de
longues années se dévoua aux intérêts de la cité
et eut l'adresse et la bonne fortune de faire
contribuer dans une très large mesure à l'embellissement de la ville, l'Etat et le talent de ses
ingénieurs. C'est sous lui que le port, que
les magnifiques promenades de la façade de la

Plage ainsi que le splendide Casino ont été créés. (¹)

Et maintenant entrons sans autre digression dans l'histoire particulière des deux voies qui relient Pontaillac à Royan.

Autant, dirons-nous, on peut et l'on doit même adresser aux administrateurs dont nous venons de parler, des éloges pour ce qu'ils ont fait à Royan-Ville, autant il serait injuste de leur accorder même le plus léger mérite dans le développement de Pontaillac; nous devons au contraire leur reprocher leur étrange aveuglement, qui les a empêchés de voir ce quartier sans lequel cependant tous leurs efforts eussent été bien vains pour élever Royan à la réputation qu'il possède aujourd'hui de première station balnéaire sur l'Océan.

M. le comte de La Grandière disait en plein conseil : « Une route sur Pontaillac suffit » et Dieu sait s'il s'en serait tenu à cette étrange déclaration, si le hasard n'avait placé à ce moment-là à la tête du département, un homme de race moins aristocratique, mais d'un esprit des plus distingués et surtout d'une science d'administrateur dont le département de la Charente-Inférieure conserve encore le souvenir.

M. le Préfet Boffinton et nous, étions Bordelais.

(1) Bien que nous ne soyons pas atteint de statuomanie, nous croyons cependant qu'en plaçant au fond du grand hall qui sert de foyer au théâtre, le buste en marbre de son premier Président, l'Administration du Casino répondrait au vœu unanime du pays.

Or, il s'agissait de mettre de notre côté, à titre de concitoyen, le chef du département, car M. le comte de La Grandière, qui, lui, était Breton, ne voulait pas se hasarder à patronner des projets qui étaient regardés alors par tous ses administrés et par lui-même non comme une extension nécessaire de sa bonne ville de Royan, mais au contraire comme une fâcheuse et funeste concurrence. Faire concurrence à Royan, telle était la prétention qu'on nous prêtait et M. de La Grandière, quoique maire de l'Empire, avait le même souci de l'opinion de ses électeurs qu'un simple maire de la République !

Or, il valait la peine, comme on va le voir, de courtiser le pouvoir central.

1° Avenue de Pontaillac à Royan

On se rappelle que notre géomètre Colany avait, sur nos indications, projeté une large voie reliant en ligne droite, à travers d'immenses dunes, Pontaillac à Royan ; c'est la voie qui porte actuellement à son origine le nom de Façade de Foncillon et d'Avenue de Pontaillac à son point terminus.

Aucune construction n'existait alors dans tout ce parcours. — A l'exception de la tour du Chay et de la métairie qui se trouve encore aux pieds de cette tour, tout était champs.

Or, un jour, nous apprîmes un peu par hasard,

car on n'affichait pas encore à Pontaillac, qu'on
venait d'adjuger cette voie à un nommé Ferry,
qui était à cette époque le premier et même le
seul entrepreneur de travaux publics à Royan;
nous nous empressâmes de nous rendre compte
du tracé de la voie adjugée et de voir s'il se rac-
cordait avec notre projet.

Hélas! notre surprise, pour ne pas dire plus,
fut grande, qu'on en juge.

Cette voie portait la désignation de chemin de
grande communication de Royan à Vaux et
Terre-Nègre. Or, pour arriver au village de Vaux,
que tout le monde connaît et qui se trouve situé
de l'autre côté de Pontaillac, M. le comte de La
Grandière avait, bien sciemment et bien volontairement et cela en vue évidemment d'éviter
Pontaillac et de faire par conséquent échec à nos
projets, dirigé par un long circuit cette voie
nouvelle du côté de la métairie Bellamy.

Pontaillac était ainsi mis de côté; on le laissait
sur la gauche et à une grande distance; on devait
aller à Vaux, mais on ne devait pas aller par
cette route à Pontaillac et cela en vertu de
l'adage municipal : « Une voie sur Pontaillac
suffit »; on eût même dit : « Une voie sur Pontaillac, c'est trop. »

En présence d'une entorse aussi colossale donnée à cette route et au bon sens, nous résolûmes
d'en référer à l'autorité supérieure.

Nous partîmes pour La Rochelle. C'est au

Préfet lui-même que nous voulions nous adresser, appelant ainsi du Préfet mal informé, au Préfet mieux renseigné.

La tâche était difficile, nous ne nous le dissimulions pas.

Le projet en effet avait été adopté par le Préfet.

L'adjudication des travaux avait eu lieu et le Préfet l'avait également approuvée.

L'Entrepreneur était ainsi en possession d'un contrat régulier et les communes intéressées se trouvaient en règle vis-à-vis de l'Administration supérieure.

Tout autre moins jeune et surtout moins animé du sentiment d'intérêt général qui se trouvait en jeu, eût non-seulement hésité, mais se serait abstenu en disant : « Il est trop tard ! »

Heureusement, il nous sera permis de le dire, que nous avons comme notre père, une volonté qui augmente en raison des difficultés ou de la résistance qu'on nous oppose.

Nous nous présentâmes donc très résolument à la préfecture et fûmes reçu avec une extrême affabilité par notre très distingué compatriote, M. le Préfet Boffinton.

Comme M. Boffinton existe et qu'il nous a été donné de pouvoir lui serrer très respectueusement la main il n'y a pas longtemps encore, nous tenons à rapporter, minutieusement même, cette entrevue qui a eu pour Royan-Pontaillac un si considérable résultat.

Nous mîmes immédiatement le Préfet au courant du tracé que nous avions depuis longtemps
projeté d'une voie droite entre Royan et Pontaillac. Or, après avoir examiné nos plans,
sur lesquels nous avions indiqué l'anormale
variante apportée par le service de la voirie,
M. Boffinton fit appeler dans son cabinet, où
nous nous trouvions, l'agent-voyer en chef du
département.

L'interpellation fut vive de la part du Préfet.

— Comment avez-vous pu approuver et soumettre à ma signature un pareil projet? dit-il.

Ne connaissez-vous donc pas Pontaillac? Igno-
rez-vous ce qu'on fait en ce moment sur cette
splendide conche, qui, pour moi, représente
l'avenir de Royan?

Et, écoutant peu les excuses de circonstance
présentées par ce chef de service, il fit également
appeler ses Chefs de Division. Les Chefs de Division se placèrent sur la même ligne que l'Agent-
voyer en chef : ce dernier paraissait très surpris
de cette mise en scène, et intérieurement il dut
me prendre pour un personnage ! — M. Boffinton
se leva et dit à ces messieurs, en me nommant :
« Je vous présente un de mes jeunes compa-
triotes. Il veut avec son père créer une ville sur
la magnifique conche de Pontaillac. Je vous prie
d'examiner et d'expédier avec le plus grand
soin toutes les affaires qui pourront l'intéresser »
et il les mit alors au courant de ce qui se passait

et qui motivait à ce moment-là ma présence à la préfecture.

La séance fut longue et surtout animée. M. Boffinton m'accorda une large part dans la discussion ; et, lorsque tous les Chefs de service se furent retirés, le Préfet conclut devant moi en ces termes : « Il serait bien inutile, me dit-il, d'écrire à M. de La Grandière ; l'affaire est trop grave, ma présence seule pourra vous donner satisfaction. Je serai après-demain à Royan. »

Sur cette assurance je pris congé du Préfet et rentrai le soir même à Pontaillac.

M. Boffinton tint très exactement sa promesse et la vigie de Royan signala le surlendemain le bateau à vapeur du Préfet.

Sur son ordre et en sa présence, le Conseil municipal fut immédiatement réuni et *convaincu ;* l'entrepreneur Ferry, appelé, céda spontanément entre les mains du Préfet ; le Conseil municipal de Vaux donna sa démission et la route, quoique déjà commencée, prit la direction que nous avions demandée.

Depuis, cette grande artère, qui est certainement la plus belle et la plus fréquentée de Royan, a été agrandie il y a douze ans, mais sur un de ses côtés seulement au moyen d'un large accotement de trois mètres que nous appellerions volontiers un magnifique trottoir, si les bordures, les caniveaux et la plateforme elle-même n'étaient pas encore à l'état de projet et si surtout ce trottoir était ouvert sur tout son parcours.

2° Boulevard de Cordouan

(Ancien Chemin de Pontaillac)

C'est la première voie qui, sur la demande de mon père, a relié Pontaillac à Royan.

A elle seule, et par ses mesquines proportions, elle montre, comme nous l'avons déjà dit, le peu de foi que la municipalité avait en Pontaillac.

Un sentier pour piétons aurait même paru suffisant à tous les Royannais d'alors, y compris leur maire, qui n'était peut-être pas aussi myope que ses administrés, mais qui tenait à flatter leur scepticisme mêlé de crainte à l'endroit d'un quartier qu'ils avaient toujours regardé comme un inhabitable désert, et dont un inconnu, un étranger venait de dire qu'il y voyait, lui, l'emplacement d'une ville et de la véritable *ville de bains*.

Cette route n'avait et n'a encore que sept mètres de largeur, c'est-à-dire tout ce qu'il y a de plus infime comme dimension dans la catégorie des chemins vicinaux.

Si encore on l'avait faite d'un jet, en une fois !

Mais, malgré l'urgence, on ne l'exécuta que par tronçons, et elle ne fut achevée que sous la poussée non pas de l'opinion locale, mais du cri

de la colonie étrangère, qui, dès que cette route
fut tracée et simplement ébauchée, s'y PRÉCIPITA.
Cette expression, comme on va le voir, n'a rien
d'exagéré.

En effet, le premier industriel qui mit de confortables breacks sur ce simple commencement
de voie, fit cent francs de recette par breack et
par jour, et cela aux heures seulement de la
marée.

Or, le secret d'une aussi prodigieuse recette,
qui paraîtrait aujourd'hui même fabuleuse, s'explique, et l'explication nous en a été donnée par
le bénéficiaire lui-même, M. Bénoni de Soria.

— Voici, nous a-t-il dit, comment j'opérais.

« J'avais des breacks, que du reste vous avez
vus et pour lesquels vous m'avez complimenté,
la première fois que je les fis sortir.

» Chaque breack était à quatorze places (mais
pour la régie seulement) car on s'y entassait !...

» Je faisais payer vingt-cinq centimes non pas
par place, mais par voyageur assis ou debout sur
le siège, sur les banquettes, sur les marche-pieds
et ailleurs.

» Mais le secret de mes recettes n'était pas là.

» La première année de mon exploitation, la
route n'était qu'à moitié faite, et la seconde
année, elle s'arrêtait en face du terrain alors
vague où s'élève aujourd'hui l'hôtel de l'Europe.

» Je déposais bien entendu mes voyageurs là
ou le chemin finissait.

» Le parcours, surtout la première année, se trouvait ainsi réduit de moitié. Mais ce n'est encore pas tout.

» L'impatience des voyageurs était si grande, qu'au lieu d'attendre à Royan mon retour, ils venaient à ma rencontre, et je chargeais souvent à moins de deux cents mètres de ma station terminus, station forcée puisque la route n'allait pas plus loin.

» Voilà comment s'explique ma recette de cent francs par jour et par break. (¹) »

_____

(1) M. Bénoni de Soria n'était pas sans concurrents. — Parmi ces derniers, nous avons connu l'inoubliable Barrère, parent du célèbre conventionnel de ce nom et dont tous les Royannais de l'époque ont vu et se rappellent les singulières excentricités. — Barrère fut des premiers à lancer sur cette nouvelle route, non pas une voiture, non pas un break, mais une chose informe et bouffonne dont l'aspect seul effrayait les chevaux. Ventru comme un ballon, son véhicule, monté sur quatre roues égales en hauteur, n'était accessible que par devant. — Lorsqu'un voyageur, bien qu'il n'eût rien à craindre des deux apocalyptiques animaux qui traînaient patiemment cette apoplectique machine, hésitait pour monter à passer derrière l'une des deux haridelles, Barrère descendait et détélait du côté soupçonné. — Les jeunes gens, qui eurent vite éventé un amusement dans le secret ascensionnel de la monstrueuse guimbarde, faisaient arrêter à chaque instant, et, prenant un air peureux et troublé, ils réclamaient le dételage préventif avec force démonstration du danger qu'il y avait à s'approcher de pareilles bêtes !... Sur leur légitime réclamation, Barrère descendait et détélait, et l'on mettait ainsi une heure pour arriver à Pontaillac !... Cette farce, dont j'ai toujours soupçonné Barrère d'avoir ri autant au moins que ses voyageurs, cessa tout à coup, Barrère étant plus caméléon qu'automédon. — Il remisa sa guimbarde dans les dunes de Pontaillac et en fit une buvette ; du reste, il avait précédemment ouvert un autre établissement du même nom et presque du même genre à l'endroit qu'occupe aujourd'hui l'élégant *Café des Bains* à Royan. — Propriétaire de ce magnifique emplacement qu'il échangea ensuite contre une maison

Revenons après cette digression, à l'histoire un peu oubliée du boulevard de Cordouan.

Il n'y eut que cette route sur Pontaillac jusqu'en 1862, époque où on livra à la circulation l'avenue de Pontaillac, dont nous avons parlé.

Or, ces deux routes se rencontraient à l'angle de la façade de la conche, aujourd'hui façade Verthamon, et ne formaient plus en cet endroit, comme aujourd'hui du reste, qu'une seule et même voie.

A un moment, l'encombrement des piétons et des véhicules devint si considérable, que la même municipalité qui, à l'origine, croyait trop faire en accordant une seule route de sept mètres de largeur sur Pontaillac, se vit dans l'obligation, pour éviter les croisements des voitures, et par suite les accidents, de prescrire aux automédons

de la Grand'-Rue avec un limonadier nommé Avrillaud, Barrère, qui tenait beaucoup de tous les êtres de la création et en particulier du castor, au lieu de bâtir au-dessus de son terrain, creusa profondément et fit une salle souterraine qui prenait jour au moyen de trous pratiqués à travers le talus de la rampe qui conduisait et conduit encore, quoique très modifiée depuis, à la mer et maintenant au Port.

C'est dans cette cave que les marins allaient se rafraîchir. — En vérité, c'était certainement moins luxueux, mais à coup sûr plus frais que la jolie salle qu'on a élevée depuis sur ces catacombes.

Barrère était du reste hanté de la monomanie de la concurrence: il croyait que tous les industriels qu'il voyait faisoient fortune; et s'il avait créé ce nouveau caveau, c'est parcequ'il soupçonnait de pauvres filles, les demoiselles Croizet, de s'enrichir avec un misérable débit qu'elles avaient ouvert dans une vieille et petite maison, située au-dessus même des voûtes actuelles de la criée. Une gravure de Royan en 1823 que nous possédons, reproduit cette masure, que protégeait un grand et magnifique orme.

publics de prendre au départ de Royan la rue du Casino et le boulevard de Cordouan, et de revenir par la grande avenue de Pontaillac et la façade de Foncillon.

Mais, comme nous l'avons déjà fait remarquer, ces deux routes se soudant et n'en faisant qu'une sur la façade de la conche, le danger du croisement, si sagement prévu et évité partout ailleurs, persistait au contraire en cet endroit qui était bien et qui est toujours le plus dangereux du parcours.

C'est ce qui va nous obliger de parler de la municipalité actuelle et d'anticiper par conséquent sur la seconde partie de notre récit (¹) pour pouvoir raconter à sa place l'odyssée du chemin qu'on appelait alors chemin d'exploitation de la forêt de Pontaillac, et qui se nomme aujourd'hui : « Avenue de Paris. »

Avenue de Paris
(Anciennement Chemin d'Exploitation)

De toutes les rues, routes et avenues, de tous les boulevards, chemins et culs-de-sac s'il en existe, en un mot de toutes les voies de Royan et de Pontaillac, de quelque nom qu'on les appelle, il n'en est pas une dont l'enfantement ait été

(1) PONTAILLAC MODERNE, en préparation.

aussi long, aussi laborieux, aussi tourmenté, et qui ait suscité autant de demandes, de sollicitations, d'ennuis et d'énervement que le chemin d'exploitation aujourd'hui Avenue de Paris.

Si, comme on l'a vu, M. le comte de La Grandière avait, dans un moment de mauvaise humeur ou de parti pris, rejeté, ce qui était un contre sens, le tracé de l'avenue de Pontaillac en dehors de sa direction normale et naturelle, il avait au moins hautement affirmé sa volonté; il n'avait pas hésité à commettre publiquement ce déni de justice à l'égard de Pontaillac; il ne nous avait ni flattés de l'espoir de le voir revenir sur une erreur aussi nettement exprimée, ni entretenus d'aucune illusion sur ce qu'il appelait son opinion ..... j'allais dire son bon plaisir !

Cette attitude était celle d'un gentilhomme, c'était un défi au bon sens, nous en convenons, mais au moins c'était un défi nettement porté à nos projets; il nous appartenait alors de relever ce défi et l'on a vu comment la lutte fut engagée, et la rapidité avec laquelle elle fut terminée.

Or, ici, pour l'avenue de Paris, le défi sera le même, le bon sens y sera aussi ouvertement blessé, l'opinion publique s'indignera, mais au lieu de quelques jours pour donner satisfaction au bon sens et à l'opinion, il faudra plus de vingt années ('), c'est-à-dire la moitié de l'existence de

(1) Si nous disons plus de vingt années, c'est qu'en réalité et bien que l'avenue de Paris soit aujourd'hui empierrée depuis trois

tout ce pays qui ne date guère que de cinquante ans.

Voici ce qui s'est passé.

On vient de voir que M. de La Grandière, aussi étonné que ses conseillers de l'énorme affluence de la population étrangère vers Pontaillac, dès que Pontaillac fut rendu accessible, avait pris un arrêté aussi intelligent que sage, en vue d'éviter le croisement des voitures publiques allant à Pontaillac.

Lorsque cet arrêté fut pris, j'habitais Toulouse et ne venais plus à Pontaillac.

Or, à ma rentrée en 1872, je remarquais que, par suite de la confusion des deux routes d'aller et de retour qui n'en faisaient plus qu'une dans la traverse de la façade de la conche, l'arrêté précité n'atteignait pas le but que l'ancienne municipalité s'était proposé.

En effet, le croisement des voitures qui se trouvait évité, comme nous l'avons déjà dit, partout ailleurs OU IL EUT ÉTÉ INFINIMENT MOINS DANGEREUX, existait précisément sur cette voie étroite de la façade, toujours encombrée de véhicules et de piétons.

M. Garnier était alors maire et venait d'entrer dans la seconde année de sa magistrature.

Je me rendis auprès de lui et lui fis part de

---

ans, les voitures publiques continuent encore à se croiser sur la façade de la conche et cela malgré deux arrêtés que la Municipalité a pris sur notre demande, mais qu'elle ne sait pas ou ne veut pas faire respecter.

l'inefficacité de cet arrêté, et de la nécessité de
remédier immédiatement à un état de choses qui
annulait en fait les prévisions et le but si sage
de l'ordonnance de ses prédécesseurs.

M. Garnier se déclara immédiatement convaincu, et il me promit d'étudier et de rechercher
le moyen d'éviter le danger que je venais de
lui signaler.

Je me rappelle que, pour me mieux convaincre
de l'absolue sincérité de sa déclaration, il m'invita, méthode très adroite dont il fait encore
usage, à étudier de mon côté et en même temps
que lui, cette question de sécurité de la voirie.
— La voirie, me disait-il, doit être la première
et la principale occupation d'un maire !

J'étais enchanté de ce jeune maire qui était
de mon âge, et je lui aurais certainement livré
mon secret, car j'avais une solution toute prête,
si, en présence de dispositions aussi bienveillantes
que celles qu'il me montrait, je n'avais eu la délicatesse de lui laisser au moins pour quelques
jours, le droit d'initiative dans une recherche
aussi importante, et qui paraissait si vivement
l'intéresser.

J'attendis donc le résultat des méditations de
ce chef de l'édilité.

Chaque jour je comptais être appelé à la mairie,
car un simple regard jeté sur la carte de Royan
devait d'après moi faire trouver la solution cher-
chée. Le chemin d'exploitation figurait en effet

sur cette carte et ce chemin, parallèle à celui de la
façade de la conche, était ainsi tout indiqué pour
l'arrivée des voitures dont le retour vers Royan
se trouvait assuré par la façade. Il ne s'agissait
donc que d'empierrer les 850 mètres de longueur
de cette voie, qui n'était alors que gazonnée.

J'attendis vainement toute la saison. — Sur
le point de quitter Pontaillac, je me décidai à
revoir le Maire, et à lui demander le résultat
de ses recherches, résolu à lui indiquer moi-
même la facile solution que j'avais trouvée.

Je fus reçu cette seconde fois encore avec beaucoup d'affabilité, et surtout avec un entrain fami-
lier des plus séduisants. — M. Garnier en me
voyant me mit immédiatement au courant de
tous ses projets, il m'entretint de ses espérances;
il comptait voir, grâce à l'octroi, ses recettes
augmenter, car il visait alors à avoir vingt mille
francs à dépenser par an en *travaux neufs*. — La
conversation alimentée des sujets les plus variés
et tous relatifs au progrès et aux embellissements
de Royan, se tint toujours dans les généralités, et
à la fin je me levais, l'esprit noyé dans ce flot de
rêves d'avenir... mais sans avoir parlé du sujet de
ma visite. Je n'avais certainement pas oublié ce
que je venais demander, mais cette fois encore,
il m'avait paru décent de ne pas aviver le zèle
d'un homme qui me paraissait aussi dévoré de
l'amour du bien public! Il trouvera de lui-même,
me disais-je, in petto, et ça vaudra mieux.

6

M. Garnier m'avait ainsi endormi pour un an, car je devais rentrer à Toulouse le lendemain *et il ne l'ignorait pas.*

On verra du reste que ce n'est pas la seule fois que je fus victime de ce charmeur qui sera le premier à sourire de ma crédulité d'antan.

Aux vacances suivantes, c'est-à-dire pendant l'été de 1873, je revis le Maire.

Je lui montrais sur un de mes plans, car il n'avait encore rien trouvé, le chemin d'exploitation qui devait faire disparaître le danger que je lui avais signalé l'année précédente.

Le Maire parut enchanté, et me félicita comme si j'avais réellement fait une découverte !

Il me donna rendez-vous sur le terrain.

Il vint en effet quelques jours après, étudier sur place la question.

Il était accompagné de l'agent-voyer cantonal qui en ma présence, reçut l'ordre de préparer immédiatement le dossier du chemin d'exploitation en vue d'obtenir son classement.

A ce moment, je crus à un succès absolu.

Cependant, avant de quitter comme tous les ans le pays, je voulus savoir de M. Garnier s'il comptait faire aboutir son projet pour la saison suivante.

Le maire m'insinua alors avec infiniment d'adresse, qu'une pétition de plusieurs propriétaires de Pontaillac, avec surtout une offre de concours, hâterait certainement la solution : qu'il serait ainsi plus fort vis-à-vis de son conseil pour demander et obtenir l'exécution de cette voie nouvelle.

Je veux, ajouta-t-il, non seulement empierrer ce chemin comme vous le demandez, mais je désire également l'agrandir et porter à seize mètres sa largeur actuelle qui n'est que de dix mètres. — Il faut une voie large dans la traversée de votre forêt et du reste, j'aime les voies larges !

Je m'empressais de répondre que je mettais à la disposition de la commune et *gratuitement* les trois mille mètres de terrain qui paraissaient nécessaires pour cet élargissement.

Je promis en plus mon concours financier, et le concours de quelques autres propriétaires.

Le maire me remercia, et je lui adressais le 6 septembre 1873, une pétition (1) dans laquelle M. Motelay, négociant, offrait cent francs ; M. Lebeau, armateur, cent francs ; M. Benjamin Calaret, propriétaire, cent francs ; M. Fougère, garde de la forêt, cinquante francs, et moi-même cinq cents francs, pour l'empierrement du chemin en question. A quelques jours de là, et par suite du concours d'autres propriétaires, notre offre dépassait onze cents francs.

En commençant ce chapitre nous nous étions promis d'entrer dans tous les détails de cette affaire minime en elle-même, mais qui au point

(1) Voir Appendice C.

de vue de l'intérêt général avait et a encore une
très grande importance.

Nous préférons abréger pour ne pas fatiguer
l'attention de ceux qui nous liront.

Nous nous contenterons de dire simplement et
rapidement que le 21 avril 1881 c'est-à-dire, *huit
ans* après l'offre de concours du 6 septembre 1873,
la commission départementale opéra le classement
du chemin d'exploitation, aujourd'hui Avenue de
Paris; que cette commission fixa la largeur de
cette voie à quatorze mètres entre fossés ou
constructions, soit par conséquent à seize mètres
de largeur réelle.

Que la municipalité persistant malgré tout à
ne rien faire pour ce chemin, nous offrîmes au
Conseil municipal de Royan le 3 octobre 1882,
d'abord et comme nous l'avions précédemment
fait en 1873, tout le terrain nécessaire pour
l'élargissement de cette avenue, et ensuite notre
concours personnel en argent que nous fixions
à SIX MILLE FRANCS, ce qui représentait
exactement avec la valeur courante du terrain
à cette époque, une offre gracieuse de *trente
mille francs !*

M. Garnier fit rejeter QUAND MÊME notre
proposition, en déclarant que nous mettions
comme condition à notre subvention que les
travaux seraient terminés dans un délai de SIX
MOIS, ce qui, disait-il à ses conseillers, était
impossible, tandis que en réalité notre offre écrite

portait en toutes lettres un délai de UN AN (¹).

Cette habileté, nous employons cet euphémisme, réussit audelà même des espérances du maire ; personne en effet (s'entend des conseillers) n'eût le moindre soupçon, et la question du légendaire chemin d'exploitation fut cette fois encore classée pour *cinq ans !*

Et cependant, on fit à cette époque aux environs même du chemin d'exploitation que nous voulions si largement subventionner, plusieurs routes sans subvention d'aucune sorte : on paya les terrains, on paya les terrassements, on paya les empierrements et le reste ; on créa même à toucher cette voie qu'il nous sera bien permis d'appeler la voie douloureuse, un boulevard de douze mètres de largeur (Avenue Louise) qu'on prolongea à travers champs jusqu'à la route de La Tremblade.

M. Garnier voulait ainsi nous montrer que nous n'étions pas « Personna grata ».

Nous venions en effet d'ouvrir à cette même époque de nombreuses voies dans le centre de la forêt de Pontaillac ; cette opération avait obtenu un réel succès. — Pontaillac grandissait !

Or, à ce moment là, le Maire de Royan, pour qui les diversions n'ont plus de secrets, rêvait de créer de son côté un nouveau quartier, une ville, la ville d'hiver, avec le concours de personnages

(1) Voir Appendice E.

que nous n'avons ni à nommer, ni à qualifier,
mais qui dans sa pensée, devaient sous son
patronnage et avec l'appui de la ville, centraliser
la vogue, vogue qui déplaisait du reste autant à
son prédécesseur M. de La Grandière qu'à
lui-même, lorsqu'elle se portait ailleurs qu'à
Royan et notamment à Pontaillac où ils paraissaient aussi étrangers l'un que l'autre.

Dans la seconde partie de notre récit, nous
reviendrons sur cette tentative *rétrograde* de
diversion.

Reprenons l'histoire du chemin d'exploitation.

On a vu que notre offre en argent de SIX MILLE
FRANCS avait été rejetée.

Heureusement que le 5 février 1889, c'est à
dire *cinq ans plus tard*, le hasard, ce merveilleux
agent des causes désespérées, voulut enfin s'en
mêler.

Ce que je n'avais pu obtenir avec six mille
francs, je l'eus pour rien. — Ce que je n'avais
pu avoir en seize années, me fut accordé en
quelques heures.

Voici comment :

M. Garnier présidait ce jour-là la commission
des travaux publics, réunie à la mairie dans la
salle du Conseil,

Je fis prévenir M. Garnier que je désirais lui
parler.

M. le Maire quitta aussitôt la commission et
me reçut dans son cabinet.

Je viens savoir, dis-je à M. Garnier, si la commission va s'occuper de la demande que je vous ai dernièrement encore adressée, relativement à l'empierrement du chemin d'exploitation !

Elle s'en occupera me répondit M. Garnier, mais votre demande n'aboutira pas, nous n'avons pas d'argent ! (J'ai bien aujourd'hui cent lettres de M. le Maire de Royan, mais il n'en est pas une qui ne reproduise ce cliché administratif).

Je demandais alors à être entendu par la commission.

M. Garnier n'hésita pas une minute à me conduire devant la commission ; il m'offrit un fauteuil à côté du sien, et expliqua le motif de ma présence.

La commission se composait de onze membres.

L'agent-voyer cantonal et le receveur municipal étaient présents.

Je pris la parole, mais comme il serait trop long de donner le compte-rendu de cette séance, je dirai simplement que *malgré les efforts répétés* du maire, pour enterrer encore une fois cette surannée question, j'obtins le consentement UNANIME de la commission.

Après le vote ou, pour être plus exact, car je ne pouvais réellement pas me permettre de faire voter, après l'assentiment général de la commission, M. le maire se leva en disant : « Ma conscience (*sic*) est maintenant soulagée ; je suis enfin débarassé de cette affaire ».

Le conseil municipal ratifia trois jours après la décision prise par la commisssion des travaux, et ce fut ainsi que l'empierrement du chemin d'exploitation, aujourd'hui Avenue de Paris, que j'avais demandé pour la première fois en 1873, eut lieu en 1889, c'est-à-dire seize ans après et sans que j'eusse *un sou à dépenser*.

Il est probable que M. Garnier ne m'introduira plus au sein de ses commissions !

IX

Fermage des Plages

On a vu que nous intéressions directement le préfet aux grandes questions locales.

Nous faisions ainsi de la décentralisation à l'encontre de celle rêvée par le maire actuel de Royan.

Nous cherchions en effet à centraliser le plus possible entre les mains du premier administrateur du département, les intérêts de Pontaillac.

L'Administration supérieure, élevée au-dessus des compétitions de quartier, nous donnait une confiance que nous n'aurions pu avoir dans l'Administration locale alors essentiellement *miso-*

néiste, le mot est nouveau, mais la chose est ancienne.

Aussi, de La Rochelle, jugeait-on mieux Pontaillac que de la place du Centre.

Et lorsque nous disions dans le cabinet du Préfet qu'à l'avenir la vraie ville des bains serait à Pontaillac, on ne souriait pas, car on pensait comme nous; on croyait qu'un jour Pontaillac se couvrirait de villas et deviendrait le centre aristocratique de la colonie étrangère. — Les évènements ont donné raison à ceux qui dans le temps ont cru et pensé comme nous, et nous sommes heureux de pouvoir citer aujourd'hui parmi ces adeptes de la première heure, parmi ces voyants, un esprit aussi distingué que celui de notre compatriote et ancien préfet, M. Boffinton.

Or, un jour, en 1860, nous partîmes pour La Rochelle avec un projet appelé à contrarier quelques intérêts, mais que nous regardions comme trop supérieur à des convenances particulières pour nous arrêter devant les froissements et les mécontentements de quelques industriels.

Voici ce qui se passait :

Cinq ou six personnes sur l'appel même de mon père, avaient élevé sur la conche qui dix, qui vingt cabines, en tout une centaine.

Si ces cabines avaient été construites sur un joli modèle, si elles avaient été spacieuses et pourvues de tous les accessoires que nous jugions nécessaires, si surtout la rivalité des propriétaires exploitants n'avait pas amené très souvent des conflits dont les baigneurs avaient eu à souffrir, nous aurions continué à encourager ces initiatives privées qui à défaut de l'Administration, s'étaient emparées de ce service public.

Mais le bon ordre, le confort et surtout la décoration de la plage nous faisaient un devoir de chercher un remède à un état de choses que nous avions nous-même aidé à créer, mais qui était loin d'atteindre notre idéal.

Il fallait d'après nous que l'Administration s'emparât de ce service, que nous regardions dans une localité de bains comme le premier des services.

Nous proposâmes donc au préfet pour les mêmes motifs que nous venons de faire connaître, de mettre les plages de Royan en adjudication, sur un plan de cabines que nous lui présentâmes en même temps qu'un cahier des charges dont nous avions également élaboré le projet.

L'idée de mise en adjudication des plages, *idée nouvelle car elle n'avait pas encore été exploitée en France* et notre plan général des cabines de Pontaillac furent acceptés d'emblée par M. Boffinton. (¹)

_____

(1) Il est à regretter et l'Administration nous le savons, le regrette de son côté, que la dernière adjudication des plages n'ait pas eu lieu en ce qui concerne surtout la conche de Pontaillac, d'après un plan général. Plan par terre indiquant la position de chaque cabine et plan d'élévation représentant l'effet d'ensemble.

Le Préfet nous félicita de notre initiative, et nous promit de faire étudier immédiatement notre proposition par les bureaux compétents.

Or, l'adjudication eut lieu peu de temps après, le 10 Juin 1860, et donna les résultats suivants :

Conche de Pontaillac . . . . 3.350 f. (¹)
La Grande Conche (conche de Royan) 2.750
La Conche des Dames (conche de
    Foncillon) 125
La Conche du Chay 45

Le succès était complet et dépassait certainement les prévisions de l'Administration.

Malheureusement, tout le monde, comme du reste nous l'avions prévu, ne se félicita pas de ce résultat. Un soir que nous revenions en voiture découverte du château de la Rigaudière où nous nous trouvions, depuis la veille, chez le frère de notre camarade Edmond de Bouët du Portal, un des cabaniers évincés, armé d'un fusil, ne craignit pas de tirer sur nous de l'endroit même où un Bordelais vient de construire sous bois la villa « La Dive », sur le boulevard de Cordouan.

Nous ne fûmes pas atteint ; cet homme vit encore, je ne le nommerai pas, lui ayant pardonné au moment.

Lorsque nous avions proposé au préfet comme on vient de le voir, d'affermer les Plages de

---

(1) La plage de Royan est toujours restée à peu près dans ce prix de 2.700 fr., tandis que celle de Pontaillac est aujourd'hui revdue à 10.800. fr.

Royan, nous avions pensé que la Commune aurait sa part dans le revenu nouveau que nous venions de trouver.

M. Boffinton fit même, je crois, une proposition dans ce sens, mais il lui fut sans doute répondu que les plages n'appartenant à personne, pas même à l'Etat, car elles sont en dehors de son domaine privé, on ne pouvait partager un produit d'origine aussi douteuse (¹)

En un mot, l'Etat voulait bien violer la loi, mais à son profit seulement.

Du reste, ce n'est pas le seul profit exceptionnel que l'Etat retire de Royan. Aussi, le bureau de son ingénieur, est-il le seul bureau des Ponts-et-chaussées de France qui soit arrivé à produire plus qu'il ne dépense !

L'ingénieur est ici, en effet, l'un des plus riches propriétaires de la contrée ; il s'est créé sur place un revenu qui atteint aujourd'hui près de cinquante mille francs et cela en louant les plages qui au fond ne lui appartiennent pas, et les promenades publiques, qui ne sont devenues sa propriété *que parce qu'elles n'avaient pas de propriétaire !* (²).

(1) En 1866, la cour de Poitiers se prononça contre l'arrêté de M. Boffinton, et ce n'est qu'en 1872 qu'une loi de finances proposée par le gouvernement, autorisa l'Etat à affermer les plages, et à déroger ainsi au principe d'inaliénabilité MÊME TEMPORAIRE du domaine PUBLIC dont les plages font essentiellement partie.

(2) C'est en vertu d'un article du code qui dispose : « Les biens vacants et sans maître appartiennent à l'Etat » que l'Etat est

En présence d'une pareille fortune aussi gratuitement acquise, l'Etat devrait au moins ouvrir
tous les ans à son ingénieur un crédit pour l'embellissement et l'entretien des plages et de leurs
abords. C'est du reste ainsi qu'il agit à l'égard
des promenades de Royan, et nous voulons espérer et même croire que la conche de Pontaillac
qui à elle seule donne annuellement au Trésor
Public près de ONZE MILLE FRANCS (^{1}), deviendra
prochainement l'objet d'un budget spécial que le
très sympathique ingénieur actuellement en

devenu propriétaire de l'immense emplacement qu'occupent les
promenades publiques de Royan, depuis la conche de Foncillon
jusqu'au champ de foire. — Il est vraiment étrange que les promenades d'une ville n'appartiennent pas à cette ville ! — En été,
les marchands couvrent ces allées qui ont plus d'un kilomètre
de longueur, de leurs joyeuses boutiques. Ces industriels paient
à l'Etat propriétaire, une redevance qui est en moyenne de vingt
francs par mètre carré de terrain occupé, ce qui porte à QUATRE
CENTS FRANCS l'estimation du MÈTRE SUPERFICIEL de ces emplacements ! — On comprend alors que l'Etat ne veuille pas en faire
cadeau à la ville !

Ces boutiques font l'ornement et la gaîté de ces splendides promenades. On ne saurait les supprimer sans porter une grave
atteinte à l'une des plus grandes et des plus vives attractions de
Royan. Et cependant, pas un de ces magasins n'est et n'a jamais
été croyons-nous, tenu par un Royannais! Il en est de cela comme
de Pontaillac; les Royannais se plaignent du grand succès de
Pontaillac et jalousent la bonne fortune de ces industriels en plein
vent..... mais ils continuent à BATIR CHEZ EUX et à GARDER LEURS
BOUTIQUES ! Qu'ils se taisent alors et ne gémissent pas, si les maisons de Pontaillac rapportent en effet UN TIERS de plus que les leurs
et si ces boutiquiers cosmopolites gagnent en trois mois autant
qu'eux en un an !

(1) Nous nous sommes laissé dire que le produit du fermage
général des plages de France dont nous avions pris l'initiative en
1860, dépasse actuellement cinq cent mille francs !

fonction, M. Caboche, s'empressera d'employer
en construisant notamment un monumental esca-
lier (ce n'est pas trop demander) et en faisant
exécuter des travaux de nettoyage, de nivellement
et de plantations sur les bords si négligés jusqu'ici
de cette magnifique piscine qui devrait être l'objet
des soins les plus jaloux de tous les pouvoirs
publics.

X

Casino. — Montagnes russes. — Kursaal

Il existait en ce temps-là deux grandes attractions : A Royan, un joli mais modeste Casino
(nous ne disons modeste qu'en raison des colos-
sales proportions qu'il a prises depuis), et à Pontaillac, les bruyantes Montagnes-Russes, avec
lesquelles le Casino partageait depuis 1862, le
monopole des plaisirs publics. Les Montagnes
Russes ont disparu et l'on verra plus tard que le
chef de l'édilité actuelle n'a pas été étranger à
cette suppression si regrettée des étrangers qui

se rappellent encore ces sensationnelles descentes en chars (¹).

LE CASINO

A cette époque, le programme du Casino était invariable et ne donnait lieu à aucune surprise.

A l'ouverture de la saison qui commençait réellement alors en juin, on mettait sur la porte d'entrée, une affiche à la main, dont le texte restait toujours le même :

Jeudi : Bal d'Enfants.

Samedi : Grand Bal.

Ce programme était même en progrès sur celui des années de début, car on avait longtemps oublié de faire danser les enfants qui eux dansaient quand même, sans avoir de jour officiel.

Le premier chef d'orchestre du Casino, fut un nommé Henri Wons ; nous ne garantissons pas l'orthograf ie du nom patronimique de ce vir- tuose. — Wons arrivait de Saintes tous les samedis, accompagné de six musiciens au cachet, et réintégrait son domicile dans la nuit avec son orchestre ambulant.

Un nommé Massip, qui, lui, est devenu légen- daire à Royan, succéda à Wons.

Massip débuta du reste comme Wons, mais

(1) Dans « La Naissance d'une Ville » Eugène Pelletan parle de ces Montagnes-Russes auxquelles il attribue naïvement le succès de Pontaillac.

avec beaucoup plus de fatigue, car si son prédécesseur arrivait de Saintes en deux heures, lui
qui habitait Bordeaux, était obligé de descendre
la Gironde jusqu'à Blaye, et de prendre ensuite
avec sa troupe, la patache qui conduisait comme
nous l'avons déjà dit, de Blaye à Royan en huit
heures.

Cette fatigante pérégrination ne prit fin qu'à
l'apparition des steamers de la Cⁱᵉ Gironde et
Garonne organisée par Millaud et Solard, Millaud
le créateur du Journal à un sou! *(Le Petit
Journal)*, une des plus grandes révolutions qu'ait
éprouvé la Presse depuis son origine.

Massip tint pendant VINGT ANS, le bâton de
chef d'orchestre au Casino.

Il fit comme Maëstro, danser ses danses par
tout le public élégant des baigneurs qui se rendait
en costume *obligé* de bal, chaque samedi, dans
l'unique salle ou l'on danse encore aujourd'hui. —
La Direction d'alors était un peu collet monté et
ce n'est pas nous qui lui en ferons un reproche ; —
on n'était admis à ces grandes et brillantes soirées
qu'après avoir montré patte blanche au guichet
du contrôle.

Massip eut à un moment une éclipse et pour
être absolument dans la vérité, nous devrions dire
qu'il en a eu plusieurs ; — la Direction s'était-elle
brouillée avec lui ou lui avec la Direction,
c'est ce que l'histoire secrète du Casino ne dit
pas, et qu'il nous importe peu de savoir.

Max, chef d'orchestre de la salle Valentino, à Paris, lui succéda.

C'est sous lui, que la comédie fit en 1866, sa première apparition à Royan ; des artistes empruntés pendant les vacances aux théâtres de Bordeaux, venaient donner deux représentations par semaine.

Max poursuivait depuis trois ans le cours de ses succès, lorsque Massip n'y tenant plus, arriva subitement à Royan, acheta un terrain, fit construire en six mois un chalet sur la conche de Foncillon, et pouvant alors invoquer son titre de citoyen Royannais, réclama et obtint que son fauteuil lui fut rendu (¹).

Massip puisait de préférence, c'était bien naturel, dans le répertoire des valses et quadrilles qu'il composait en hiver pour ses saisons chorégraphiques d'été.

Il convient de dire qu'à son titre de chef d'orchestre, Massip ajoutait celui de maître des cérémonies, ou plus exactement de maître de maison, car Massip au Casino était chez lui. — C'est lui qui présentait le nouveau venu et grâce à lui la glace était vite rompue. — Les sympathies pour ne pas dire plus, naissaient en un instant, sous la baguette de ce magnétiseur artistique qui a

(1) Historiquement nous devons mentionner ici deux éphémères chefs d'orchestre : Clément Martin qui inaugura l'opéra comique en 1870 et disparut aussitôt et Daumergue qui ne fit lui aussi que passer.

ainsi aidé à préparer plus de mariages que l'agence matrimoniale la plus achalandée de son temps.

Cette seconde partie de l'emploi de Massip n'a pas été du reste sans influence sur le bon renom du Casino de Royan, qui passait alors pour le plus aristocratiquement composé et le mieux tenu des casinos des plages de France ! — Les jeunes diront probablement que je loue ici *mon temps passé*, et j'aurais en effet mauvaise grâce à nier que je fréquentais régulièrement alors le casino, tandis que..... mais, soit dit entre nous, *les ans en sont peut-être la cause*, et je veux croire que tout se passe encore aujourd'hui comme sous le regretté Massip.

En 1875, Constantin succéda à Massip, qui s'étant reconnu des droits à la retraite, se fit ermite dans son chalet de Foncillon; son ermitage, dans lequel nous avions été introduit par une de ses admiratrices, une rivale dans la chorégraphie de la célèbre Marie Essler, Mme Albert Bellon, auteur de plusieurs ballets joués à Paris et à Bordeaux, n'avait rien de monacal : l'on y dansait encore sous les yeux de l'ancien maître.

Constantin avait tenu, à Paris, le bâton de chef d'orchestre à l'Opéra-Comique.

Il était également compositeur, et c'est sous lui qu'on joua pour la première fois l'opéra à Royan.

Pendant le règne de Constantin, je dis règne parce qu'à sa chûte il y eut une révolution de

Palais, nous eûmes le plaisir d'avoir cet artiste
à déjeuner avec Waldteufel. — Waldteufel qui,
lui, avait fait danser ses célèbres valses par
la Cour du second Empire, dirigeait, alors, le petit
orchestre (mais quel orchestre !) du Kursaal de
Pontaillac.

Waldteufel avait été appelé au Kursaal par son
ancien ami, arrière petit-fils du grand Bordeu
(comme l'appelle l'École), Léon Bordeu qui, lui,
avait appris mais à ses dépens, le secret de tout
ce qu'il peut y avoir d'attrait pour le monde
élégant et riche, dans une salle de concert pré-
cédée ou suivie d'une discrète salle de baccarat.

C'est, du reste, de cette époque, et il convient
d'en faire la remarque, que date exactement l'immense succès financier du Casino de Royan, qui
avait emprunté de Bordeu le secret de faire tailler
dix banques en une heure ! (¹)

En effet, le Casino de Royan, qui, depuis 1843,
époque de sa fondation, s'était péniblement traîné
pendant ces quarante années dans des recettes de
six, huit et dix mille francs, et qui avait fini par
atteindre un maximum de trente-huit mille francs
en 1880, monta subitement *à l'ouverture du Kursaal de Pontaillac*, à quatre-vingt mille francs,

(1) Avant Bordeu, directeur du Kursaal de Pontaillac, on n'em-
ployait pas de croupiers au Casino de Royan. — Le Banquier dirigeait lui-même la partie, — c'était plus sûr, mais c'était plus lent,
et ça ne payait pas suffisamment la chandelle!

pour arriver ensuite à plus de deux cent mille francs de bénéfices nets.

C'est alors qu'on fit dresser par M. Duprat, architecte à Bordeaux, les plans du splendide monument qu'on voit aujourd'hui, et pour lequel on a dépensé un million, alors qu'avant 1880, on n'avait pas osé entreprendre pour quarante mille francs, l'agrandissement de la salle des fêtes, devenue de plus en plus insuffisante depuis les représentations théâtrales.

Et, cependant, le Conseil d'administration du Casino n'avait pas craint, un moment, de reprocher, très vivement même, à son vice-président, le maire actuel de Royan, d'avoir autorisé l'ouverture du Kursaal de Pontaillac.

Il est vrai que le maire ne dut pas éprouver beaucoup de difficulté à se justifier d'un acte que le Casino regardait alors comme une menace et un danger pour lui, alors qu'il devait marquer, comme on vient de le voir, la première grande étape de sa colossale fortune !

M. Garnier dût même se montrer étonné de pouvoir être soupçonné de favoritisme à l'égard de Pontaillac.

Il était, en effet, bien étranger, comme on va le voir, à cette autorisation qu'on lui reprochait avec tant d'amertume !

Voici comment cette autorisation nous avait été donnée.

Nous trouvant à Paris, nous nous fîmes présenter, place Bauveau, d'où on adressa, séance tenante, une dépêche au Préfet de La Rochelle, pour l'informer que nous nous rendrions le lendemain auprès de lui.

Or, nous fûmes reçu à la Préfecture, comme du temps de M. Boffinton, et je pus me croire un moment en plein Empire; — M. Lagarde, homme d'une grande distinction, nous demanda d'abord des nouvelles du personnage qui nous avait annoncé, et se fit apporter ensuite le dossier du Kursaal de Pontaillac, but de notre visite.

La note défavorable émanant de la mairie de Royan me fut montrée... et mise immédiatement de côté. — Voici, du reste, le texte exact de cette note :

« Maison trop bien située pour un cercle. » (¹)

A cette lecture, M. Lagarde sourit... fit appeler son secrétaire général, et le pria de donner immédiatement suite à notre demande.

M. Morisson, dont le père avait été secrétaire général sous M. Boffinton, et qui à eux deux, ont fait depuis trente ans l'éducation administrative de tous les maires actuels du département, fut si étonné de cette subite déclaration, qu'il ne put s'empêcher d'objecter devant nous même que M. Garnier, conseiller général et maire de Royan, était absolument opposé à cette autorisation.

Je le sais, répondit le Préfet; j'ai vu la note de

_____

(1) Le grand Hôtel de l'Europe.

son commissaire qui voudrait conserver au Casino
de Royan son monopole. Or, je n'ai pas à favoriser les monopoles : Royan a son Casino *et Pontaillac a le droit d'avoir le sien*. Nous devons,
par conséquent, accorder l'autorisation qu'on nous
demande.

Deux ans plus tard le Maire de Royan sut
prendre sa revanche. (¹)

M. Laffon, alors Président du Cercle des
Étrangers, reçut, en effet, du maire de Royan,
l'ordre de fermer le cercle, et par conséquent
le Kursaal de Pontaillac, et cela pour un motif
plus innénarable encore que celui qu'on avait
trouvé pour s'opposer à son ouverture.

« Attendu, était-il dit dans cet inoubliable
» arrêté, que les membres du Cercle ne payent
» pas régulièrement *leurs cotisations.....* par ces
» motifs, » etc...

Signé : F. GARNIER.

Jamais magistrat ne poussa aussi loin le zèle
pour la stricte observation des règlements ! Mais,
en vérité, qui avait pu dire et surtout prouver à
M. Garnier, qu'on ne payait pas régulièrement *le
louis* que chaque membre, d'après l'article 30 des
statuts, devait verser annuellement dans la caisse
du cercle.

Les vingt-deux membres fondateurs de ce cercle, parmi lesquels se trouvaient plusieurs million-

---

(1) M. Lagarde venait d'être nommé préfet à Marseille.

naires, ne s'étaient pas, je crois, refusés à jeter
dans l'escarcelle commune leur obole personnelle.

Et puis, si cela eût été, le cas était-il vraiment
pendable, et cela valait-il un arrêté de fermeture
aussi brusque qu'inattendu !

Et comment M. le Maire de. Royan ne s'est-il
pas rappelé au moment de signifier cet arrêté au
Président du Kursaal qu'il était lui-même à cette
époque actionnaire et vice-président d'une maison de jeu !

Et cependant, pour être juste, nous devons
ajouter qu'à quelque temps de là, M. Garnier,
devenu, à la mort de M. le Comte de la Grandière, Président du Conseil d'administration,
proposa d'ouvrir une succursale du Casino
de Royan dans l'ancien local du Kursaal de
Pontaillac, resté inoccupé depuis sa brusque
fermeture.

L'idée, quoique géniale, nous le reconnaissons, ne fut pas acceptée ; — c'est, du reste, cette
même idée que le maire de Royan, mal orienté
depuis, fait évoluer aujourd'hui vers son quartier
ce qui paraîtra toujours trop près aux joueurs
fatalistes qui ne croiront jamais que la *déveine*
puisse les quitter à la porte de la maison d'à côté. (¹)

Revenons au Casino.

(1) Le maire de Royan est toujours hanté de cette idée très pratique au fond ce qui prouve que le baccarat n'a plus de secrets
pour cet édile, c'est qu'un cercle (cercle de joueurs) pour devenir
aussi parfait qu'en géométrie, doit pouvoir aller tenter la veine

L'ouverture du nouveau Casino-Théâtre eût
lieu en 1885, mais après bien des difficultés finan-
cières, qui avaient failli un moment compromettre
son achèvement.

Le dépassement des devis était, en effet, considérable !

Pour continuer et achever l'œuvre commencée,
un emprunt était devenu inévitable.

Or, à cet annonce d'emprunt, un des plus forts
actionnaires ne craignit pas de dire, dans une circulaire imprimée, signée de son nom et rendue
publique, que cet emprunt était anti-statuaire et
engageait la responsabilité et par conséquent la
fortune des intéressés.

Il n'en fallait pas tant pour jeter la peur parmi
la gent toujours crédule et craintive des actionnaires porteurs ici, entre eux tous, de 447 titres
émis lors de la fondation à 250 francs !... alors
qu'on parle aujourd'hui de les porter à cinq
mille francs, et nous reconnaissons que c'est

---

sur une autre table éloignée... sauf à revenir pour repartir encore
et décrire ainsi et continuellement un cercle... Cercle vicieux diront
les moralistes... mais il s'agit bien d'eux en ce moment !

Le maire de Royan veut de l'argent pour sa caisse municipale !
Et comme l'Empereur Vespasien en prenait même dans les édi-
cules qui portent toujours son nom et que le chef de notre
édilité sait pour l'avoir appris comme député surtout, que jamais
CE MÉTAL n'a eu moins d'odeur que dans ce dernier quart de
siècle, il n'hésitera pas à en demander au trou de la cagnotte.
C'est du reste ce que son entourage très désintéressé, lui conseille.

— Il ne s'agit donc plus que de trouver un GROS MILLION pour
la mise au point de L'OBJECTIF municipal; mais personne jusqu'ici
n'a voulu se LAISSER PHOTOGRAPHIER.

leur prix surtout avec les recettes actuelles. (¹)

Les actionnaires les plus en vue à Royan vendirent avec la plus hative précipitation, et l'emprunt public, devant cette panique, était devenu impraticable.

Heureusement que le trésorier du Casino put faire immédiatement une avance personnelle de près d'un demi-million (exactement quatre cent cinquante mille francs), ce qui remplaça l'emprunt projeté.

C'est bien la première fois, dirons-nous, qu'un caissier sauve la caisse. (²)

(1) Ou évalue le montant de la dépense faite, ET AUJOURD'HUI ENTIÈREMENT PAYÉE, pour l'ancien et le nouveau Casino, y compris l'annexe de l'hydrothérapie, à deux millions cinq cent mille francs. Or, si l'on divise ce capital par 447 nombre des titres émis, on trouve que chaque action représente exactement 5.592 fr. 88, chiffre très supérieur, comme on le voit, à l'évaluation dont nous venons de parler.

(2) M. Plantecoste est depuis trente ans trésorier du Casino et si M. Bec, ancien notaire et ancien maire de Royan, ne l'avait pas précédé dans cette charge, nous pourrions dire qu'il a été l'unique trésorier de cet établissement. Il n'y a pas en effet à compter l'intérim de M. X... qui remplit ces fonctions pendant une saison seulement, lorsque M. Plantecoste donna sa démission. M. Plantecoste s'était retiré, se trouvant justement froissé par la demande qui lui avait été faite en séance par le Conseil, de justifier une dépense de TRENTE FRANCS! qu'il avait portée EN BLOC pour un voyage et un déplacement de TROIS JOURS à Bordeaux où il avait été envoyé en mission! — (C'est de M. Plantecoste lui-même que nous tenons ce détail). — Inutile de dire que M. Plantecoste exerça immédiatement contre le Conseil soupçonneux, une vengeance méritée : il acheta une si considérable quantité d'actions qu'il put à sa rentrée, se dire le maître, et l'on dit qu'il n'a jamais cessé depuis de le paraitre. C'est peut-être bien ce que lui reprochent ceux qui voudraient enfin le remplacer dans ses omnipotentes fonctions de trésorier de la CAGNOTTE.

Constantin eut la bonne fortune d'inaugurer la nouvelle salle de spectacle.

Il fut brusquement renversé quelques temps après, malgré M. Garnier qui avait alors la présidence du Conseil. — M. Garnier voulut honorer la chute de son cher maëstro, par une éclatante démission, sur laquelle du reste il n'est pas revenu.

On dit que pendant longtemps et par un scrupule auquel la crainte salutaire de l'omnipotence municipale n'était peut-être pas étrangère, le Conseil laissa en blanc, sur les procès-verbaux de ses séances, le nom du Président.

Telle est l'histoire rapide jusqu'à la chute de Constantin, du Casino de Royan qui a eu pour premier architecte (ancien Casino), M. Demangeat, de Paris, et pour fondateurs constitués en société en 1847, au capital de 65,250 francs MM. le comte de La Grandière; Bec, notaire et maire de Royan; Brutus Chaylack, pharmacien; Botton, ingénieur des ponts et chaussées; Pelletan, juge de paix; Chaumont, ingénieur de la marine; Seureau, percepteur; Dufaure, député; Bellamy, négociant; Boscal de Réals, propriétaire; Echaussier, propriétaire et Evans Dumas, courtier.

MONTAGNES-RUSSES

Une entreprise beaucoup plus modeste, mais qui dès son apparition obtint le plus grand succès auprès du grand et du petit public qui s'y rendait en foule toutes les après-midi, c'était les « Montagnes-Russes ».

Cet établissement occupait quatorze mille mètres carrés de terrain dans la forêt, forêt vierge alors de Pontaillac.

Deux entrepreneurs de charpente de la Souys près de Bordeaux, étaient venus en 1860, nous demander l'autorisation de se servir de nos plus hautes dunes qu'ils regardaient comme des montagnes naturelles, pour y établir, disaient-ils, un jeu très recherché en Russie dont il tirait son nom : « Montagnes-Russes » (¹).

Les frères Crémier relièrent donc une série de dunes d'altitudes différentes par une voie de fer sur laquelle ils lancèrent des chars que leur

---

(1) Parmi les fermiers des Montagnes-Russes, nous trouvons M. Souchard, qui les dirigea pendant neuf ans. Ce fut même la première entreprise de ce grand industriel qui se voit aujourd'hui entouré de toutes les faveurs et de tous les honneurs que peut distribuer une petite ville. Conseiller municipal, Président de la Société de Secours Mutuels, Président du Véloce-Club, Administrateur des fêtes publiques, membre du Bureau de bienfaisance, Président de la fanfare municipale, en un mot, M. Souchard est aussi universel à Royan que la grande galerie qu'il a ouverte sur la place du Centre et qui porte son nom. — Trois noms du reste auront pendant un quart de siècle occupé ici l'attention publique : Plantecoste, Garnier, Souchard — ce sont les noms le plus souvent prononcés.

propre poids entraînait dans un chemin profond qu'ils abandonnaient immédiatement pour s'élever avec une rapidité vertigineuse à une très grande hauteur, d'où il retombaient aussitôt avec fracas, ondulant lentement alors de légers monticules, et s'arrêtant enfin d'eux mêmes, après une course de trois cents mètres, parcourue en quelques secondes, au pied de la montagne qui leur avait servi de point de départ.

Le long de la voie étaient placés des jeux d'adresse : Le jeu des anneaux (il fallait au moyen de lances, enfiler en passant des anneaux suspendus à droite de la voie); plus loin, un immense et colossal Snob entre les jambes duquel les chars passaient et qu'on devait tirer au ventre, pour faire apparaitre sa tête monstrueuse et carnavalesque. — Puis tout le long de la voie, des têtes de turc qu'on enlevait à la pointe d'un sabre de bois, etc., etc.

Les vainqueurs étaient acclamés d'en bas par la foule attentive qui s'extasiait bien moins sur l'adresse que sur la hardiesse de ceux qui avaient osé entreprendre ce voyage fantastique.

Or, il n'y avait là de fantastique que la peur de ceux qui ne s'étaient pas encore décidés à faire cette sensationnelle descente, et les peureux de la veille, devenaient le plus souvent les fanatiques et les héros du lendemain.

En dehors de la descente en chars, il existait plusieurs autres exercices également pleins d'at-

traction ; — les promenades en bateaux dans un
bassin ovale de trente mètres de longueur où les
enfants luttaient de vitesse dans une course circulaire, souvent mouvementée par des naufrages
qui n'avaient rien d'effrayant, la nappe d'eau
n'ayant que cinquante centimètres de profondeur.
— C'est sur ce même bassin que les dimanches et
souvent les jeudis on dressait un mât de cocagne
avec prix pour ceux qui, sans tomber à l'eau,
parvenaient à son sommet. — Plus loin, des tirs
au pistolet et à la carabine. — Des escarpolettes
un peu partout. — Des portiques de gymnases et
enfin un grand tir aux pigeons installé sur le
modèle du cercle des Patineurs au Bois-de-
Boulogne, et qui par ses matchs très importants
attirait les plus habiles tireurs de la colonie
étrangère. — On passait la journée à Pontaillac,
partagé entre la plage et les Montagnes-Russes,
et le soir on se rendait au Casino.

Or, après vingt années d'existence, et sans qu'il
fut arrivé le plus léger accident, les Montagnes
Russes sous prétexte de vétusté *et sans même
que nous eussions été appelé et entendu comme
propriétaire,* furent fermées d'office par un arrêté
du maire actuel de Royan.

Ainsi disparurent presque au même moment,
les deux grands établissements publics de Pontaillac : le Kursaal et les Montagnes-Russes.

On le voit l'Administration ne nous prodiguait
pas ses faveurs, sans compter que notre père

n'avait pas été plus épargné que nous. — On décré-
tait même alors contre lui non pas la fermeture
de ses immeubles, mais leur démolition !... (¹)

. . . .

Et cependant cette heure que les Dieux eux-
mêmes dit-on, attendent impatiemment, nous
l'avons eue et ceux qui sont encore au pouvoir
savent à quoi nous l'avons employée.

(1) Voir Appendice F.

XI

Voies de Pontaillac
Altitude et orientation. — Origine des noms

Les voies de Pontaillac sont toutes situées bien au-dessus du niveau de la mer.

Il n'y a du reste qu'à voir les hautes falaises et le grand mur de défense de la façade de la Conche, pour comprendre que tout Pontaillac est bâti bien au-dessus du niveau des eaux marines et bien au-dessus également des eaux souterraines. (¹)

---

(1) Les puits, à Pontaillac, ont en moyenne 10ᵐ de profondeur tandis que dans tout le vaste quartier qui est en regard de la Grande-Conche à Royan, les puits sont pour ainsi dire à fleur de terre.

La hauteur minima des voies à Pontaillac est exactement de 8ᵐ 617 au-dessus du niveau de la mer (¹).

Mais pour rendre plus sensible, par une comparaison, cette situation géographiquement privilégiée au point de vue de l'hygiène et du bien-être *en été surtout,* nous dirons que Pontaillac se trouve élevé à 22 mètres (²) au-dessus de toute cette partie de Royan qui s'étend sur le même plan que la mer, du champ de foire à la pointe de Vallière et qui prend en face de la Grande-Conche la forme d'un immense fer-à-cheval.

Ces voies ont encore un autre avantage; elles sont toutes orientées à l'ouest ou au nord-ouest, c'est-à-dire du côté de la brise de mer et des vents régnants en été. De telle sorte que sur le boulevard Jean-Lacaze, par exemple, point

(1) Cette cote a été relevée sur la borne repère du Pontceau, qui sépare Vaux de Royan.

Nous avons dit que la cote 8ᵐ 617 était le point le plus bas de toutes les voies de Pontaillac. — Il conviendra donc, lorsqu'on fera des aqueducs, d'amener toutes les eaux à ce point pour les diriger ensuite en dehors de la pointe ouest de la conche au moyen de l'aqueduc actuel creusé dans la falaise et qu'on n'aura alors qu'à prolonger. Les eaux de la conche de Pontaillac, contrairement à ce qui arrive malheureusement à Royan, seront ainsi préservées de tout mélange (le radier de l'aqueduc précité est à 4ᵐ au-dessous de la cote 8ᵐ 617).

C'est, bien entendu, moins pour le présent que pour l'avenir que nous donnons cette importante indication, qui, du reste, doit servir de base au plan général de nivellement que la Ville s'est obligée à dresser (Art. 26 des Conventions).

(2) Ce calcul a été fait entre le champ de foire (Royan) et le seuil du Pavillon Adélaïde (Boulevard Jean-Lacaze).

extrême de la forêt de Pontaillac, on a pu constater par les plus fortes chaleurs une différence
de plusieurs degrés en moins par rapport au vaste
quartier de Royan dont nous venons de parler.

Or, ce sont ces conditions de bien-être, que le
public apprécie sans même chercher à en connaître la cause, qui font de Pontaillac non seulement au point de vue du bain, mais comme rési-
dence, un lieu que la riche colonie étrangère n'a
jamais cessé d'entourer de toutes ses préférences.

Aussi l'on dit couramment : « Tout le monde
va à Royan, mais tout le monde *ne va pas* à
Pontaillac. »

C'est la station SELECT !... nous ne faisons que
répéter ici ce qui a été dit et écrit bien souvent
et bien avant nous.

Et maintenant nous allons donner les noms
des voies dont nous venons de faire connaître la
position géographique. Nous ferons également
connaître l'origine de ces noms.

Rien n'est peut-être plus difficile que de donner
des noms à des voies publiques.

Ceux qui ont parcouru le grand ouvrage de
Gourdon de Genouilhac (Paris à travers les
siècles) ont pu voir à quelles fantaisies se livrait
l'imagination du peuple parisien, pour donner
à ses rues des désignations telles que : Tireboudin,
Brisemiche, de la Lune, du Cherche-midi (elle
existe encore), du Hurleur, du Renard, et cent
autres que Zola, seul, pourrait impunément nom-

mer, tant le réalisme s'y montre dans toute sa nudité rabelaisienne.

Mais sans remonter à Philippe Auguste, ce premier grand voyer de Paris, n'avons-nous pas encore à Royan les rues des *Lapins,* et de *Font de Chèvre,* par corruption de *Cherve,* que la municipalité a cru devoir conserver sur ses plaques émaillées, en souvenir sans doute des lapins premiers occupants du quartier, et de la fontaine où venait se désaltérer la capricieuse victime du Dieu Faune ; — sans compter les rues de la *Rampe* (nom bien fait comme la chose elle-même, pour effrayer les cavaliers et les piétons), des *Semis*, représentés aujourd'hui par des arbres séculaires, des *Peupliers*, des *Acacias*, etc., etc.

Nous ne cacherons donc pas l'embarras dans lequel nous nous sommes trouvé, lorsque nous avons voulu donner des noms aux rues pour éviter les bizarres appellations que les habitants, dans la nécessité de désigner leur quartier, sont obligés de trouver d'eux mêmes.

Avons-nous réussi dans notre choix ? Nous l'ignorons.

Voici à quelle pensée nous avons cédé.

Pontaillac recevait et reçoit encore en très grand nombre, des Parisiens, des Bordelais, des Angoumois, etc., etc.

Nous crûmes qu'en donnant les noms des villes qui se faisaient ainsi les bienveillantes tributaires do notre cité, nous rappellerions agréablement aux étrangers leurs localités.

D'où avenue de Paris, avenue de Bordeaux, avenue d'Angoulême, avenue de Limoges, en ayant soin comme on le voit de remplacer le nom de rue par celui d'avenue, qui nous paraissait plus euphonique, et surtout plus approprié à des passages sous bois (¹).

En souvenir de notre long séjour à Toulouse, nous donnâmes à la grande avenue qui partage presque exactement Pontaillac en deux, le nom si poétique de « Clémence-Isaure », la fondatrice des jeux floraux.

Sous le nom d'avenue Emilie, nous voulûmes, on nous permettra de le dire, rappeler le nom de notre mère; nous cédâmes encore à un sentiment personnel en donnant à une autre avenue le nom de « de Valombre ».

Nous avons donné le nom du premier établissement public qui a été créé à Pontaillac, « Montagnes-Russes » à une grande voie qui traverse précisément l'ancien emplacement que ces jeux occupaient.

Le boulevard qui s'appelle aujourd'hui « Jean Lacaze », reçut tout d'abord le nom de « boulevard de ceinture »; nos premiers actes de vente portent cette désignation. Ce changement de nom out lieu sur la demande d'un certain nombre

---

(1) Nous sommes heureux de constater que cette désignation d' « avenue » tend depuis lors à prévaloir à Royan.

d'ouvriers propriétaires. Ils vinrent nous prier de rappeler le nom de celui qui, disaient-ils, avait trouvé Pontaillac et avait ainsi ouvert dans le pays une inépuisable mine de travail et de richesse.

L'avenue Blanche comme l'avenue Adélaïde ne doivent leur nom qu'à la fantaisie.

Sur le plan général de Pontaillac, édité en 1887, nous avions donné à la grande avenue qui s'appelle actuellement avenue « Louise », le nom d'avenue « d'Orléans ». — Le poteau indicateur était même en place depuis longtemps, lorsqu'on vint nous avertir que la municipalité, soupçonnant dans cette désignation une allusion politique de notre part, venait de remplacer ce doux nom d'Orléans par le nom barbare de « Baracou ».

Or, cette voie appartenant depuis quelques jours à la ville, il aurait fallu en passer par cette bizarre appellation officielle, si deux des principaux propriétaires de ce quartier qui trouvaient que ce nom de « Baracou » était assez mal donné à une voie sur laquelle ils venaient d'élever deux charmantes constructions, n'avaient eu l'idée de tourner la difficulté.

Ils vinrent nous trouver, et nous demandèrent si nous consentirions à nous joindre à eux pour inviter le Conseil municipal à remplacer l'affreux nom de « Baracou », par celui de « Louise », qui était, nous dirent-ils, celui d'une des enfants de M. Garnier. Je n'hésitai pas, et sur leur demande, je rédigeai même la formule de la requête.

Et voilà comment la fille aînée du maire actuel
de Royan donna son gracieux nom à cette
voie ouverte sous l'administration de son père.

Telle est l'origine des noms des principales
voies de Pontaillac; ces noms ont été du reste
officiellement reconnus par le conseil municipal,
qui s'est défendu de pouvoir jamais les changer.

Pontaillac possède encore, indépendamment de
ces voies et en dehors de la place de Pontaillac et
de la place du Pont, plusieurs autres voies : la grande
avenue de Pontaillac, qu'on doit, on se le rappelle,
à M. Boffinton ; le boulevard de Cordouan, nom
qui a figuré pour la première fois sur un très joli
plan, édité par Dagay, en 1875, chez Dufrénoy; le
chemin du littoral, auquel on a essayé de donner
le nom de « Chemin de la Corniche », mais qui,
n'étant encore empierré que sur deux cents
mètres aux abords de l'hôtel de l'Europe, conserve toujours son nom officiel de chemin vicinal
n° 9, et enfin l'avenue de la Falaise, qui conduit
à de très importantes villas et à la petite chapelle
des Dames de l'Assomption.

Nous regrettons qu'Eugène Pelletan, en parlant
de ce dernier quartier, ait pu dans la « Naissance
d'une Ville » écrire les lignes suivantes :

« Il n'y avait, dit-il, bientôt plus de terrain à
» bâtir au fond de la Conche.

» Les nouveaux venus durent escalader la
» falaise. Ce point de la côte est le plus nu, le
» plus âpre, le plus tondu par le vent, le plus

» dévoré par le soleil ; n'importe, la vogue l'avait
» pris en amitié. *Quand un Bordelais retiré des*
» *affaires éprouvait le besoin d'une villa de*
» *mauvais goût,* c'était là qu'il allait bâtir. »

Si Pelletan a cédé à son petit génie moqueur
en écrivant ces lignes qui ont l'intention d'être
méchantes, et qu'il adresse si maladroitement à la
colonie Bordelaise qui a si puissamment contribué
à la fortune de tout le pays, c'est qu'il savait
que sa statue, du reste bien inattendue pour tout
le monde, *même à Royan,* ne serait certainement
pas élevée à Pontaillac.

XII

Les Conventions

Nous allons publier à la fin de notre récit le traité que nous avons passé en 1891 avec la ville de Royan.

Bien que ce traité appartienne à l'histoire de Pontaillac moderne, nous n'hésitons pas à en donner ici le texte, que le public de Pontaillac réclame depuis longtemps.

Dans la seconde partie de notre récit, c'est-à-dire dans l'histoire de Pontaillac moderne, nous ferons connaître en détail les causes et origine de ces conventions.

Drumont seul, il est vrai, pourrait écrire ce chapitre. Je dirais presque que ce chapitre manque aux tableaux qu'il a faits de la France anémiée par les âpres succions juives.

Ce n'est pas, en effet, un individu, c'est ici toute une ville qui succombe. — Pendant onze ans, elle veut s'arracher aux étreintes d'un juif; elle le repousse, lui signifie la haute décision de son conseil qui ne veut pas l'entendre. — Elle se croit ainsi et pour toujours, à l'abri du danger qu'elle a entrevu; elle se félicite d'avoir pu échapper à de honteuses propositions..... et puis, car on dirait que le feu seul, comme au moyen-âge, peut détruire ces êtres visqueux et rampants qui se réfugient dans les hautes herbes lorsqu'on les poursuit, ce même juif, blotti pendant des années dans un apparent et muet découragement, reparaît subitement, au milieu de cette même assemblée..... et comme s'il était dans la destinée du chrétien d'être toujours broyé par le Youtre, tous ceux qui avaient une première fois résisté, succombent fascinés et vaincus par cette persistante et âpre convoitise qui n'avait pas duré moins de onze ans!

C'est alors qu'il nous fut donné, et nous nous en félicitons hautement, de pouvoir préserver Royan D'UN VÉRITABLE DÉSASTRE MORAL ET FINANCIER, et d'élever en même temps Pontaillac au rang qu'il aurait toujours dû avoir dans les préoccupations d'une sage et intelligente municipalité.

Le quatre avril mil huit cent quatre-vingt-onze, le maire actuel de Royan signa avec nous, au Pavillon Adélaïde, à Pontaillac, un projet de conventions qui mettait fin à cette crise; et c'est ce projet, converti depuis en acte public, que nous nous proposons de publier.

. . . .

La capricieuse et changeante fortune a en vérité de bien étranges retours !

Pontaillac, si délaissé depuis son origine par les pouvoirs locaux, si oublié et si humilié dans ses plus légitimes aspirations, est devenu aujourd'hui par le contrat que nous avons passé et qui est certainement sans exemple dans les annales municipales, un quartier à part, un quartier entouré de privilèges qu'aucun pouvoir ne saurait lui enlever. — Il peut, en vertu de la charte imprescriptible que nous lui avons donnée, EXERCER LA PLUS HAUTE SURVEILLANCE SUR TOUS LES SERVICES PUBLICS QUI INTÉRESSENT UNE CITÉ. — Il n'est plus astreint comme les autres quartiers à ces doléances et humbles représentations qui ne rencontrent le plus souvent qu'un pouvoir distrait ou indifférent lorsqu'il n'est pas hostile. — Il A LE DROIT, nous serions prêt à le dire, si nous n'étions profon-

dûment pénétré du respect qu'on doit toujours à
l'autorité en quelques mains qu'elle se trouve, il
a le droit, vis-à-vis de L'AUTORITÉ PUBLIQUE,
D'ORDONNER ET DE REQUÉRIR !... Quel inouï
changement de fortune en vérité, pour cette ville
nouvelle à laquelle nous sommes si heureux de
léguer un contrat qui sera comme le testament
de notre amour pour elle et de notre inébranlable
foi en son avenir, avenir qui ne sera peut-être
pas sans quelque gloire pour ceux qui l'auront
voulu et préparé !

XIII

Royan avant-port de Bordeaux

Nous sommes loin de vouloir comprendre tous les juifs dans l'anathème que nous venons de porter contre eux au chapitre précédent, et notre antisémitisme ne va pas jusqu'à oublier que nous avons été en rapport avec des israélites bien moins judaïsants que nombre de chrétiens, tels que MM. Eugène Péreire et Emile Waldtefeld, que nous avons longtemps et particulièrement connus, et qui savent le prix que nous attachons toujours à leur amitié. — Nous dirions même avec

Monseigneur Lyonnet, alors archevêque d'Albi,
chez qui M. Eugène Péreire et nous étions invités
à déjeuner et devant lequel nous nous tenions
respectueusement effacés au moment de pénétrer
dans la salle à manger : « Passez, messieurs, dit
Monseigneur... et regardant M. Eugène Péreire
encore hésitant : « L'ancien testament, ajouta
sa Grandeur, précède le nouveau ».

Et puisque nous venons de citer le nom de
M. Eugène Péreire, nous n'hésitons pas à lui
adresser ici nos félicitations personnelles, auxquelles il ne sera peut-être pas insensible, pour
la grande initiative qu'il vient de prendre comme
président de la Société Générale Transatlantique,
dans la création des appontements de Pauillac et
cela malgré l'opposition affolée de la ville de
Bordeaux.

Certes, le problème de plus en plus insondable
de la grande navigation dans la Gironde ne sera
pas résolu par ces travaux (¹), mais ce sera une

---

(1) Nous croyons même que ces travaux deviendront inutiles, du
moins pour la navigation de grande vitesse, par suite du banc
qui se forme depuis quelques années, c'est-à-dire depuis les travaux
DITS D'AMÉLIORATION DE LA GIRONDE, en face de Pauillac, et qui,
augmentent tous les jours et venant s'ajouter aux impedimenta
de la marée, force les transatlantiques de la Cⁱᵉ du Pacifique
« Pacific steam Navigation » à aller ancrer pour les voyageurs
devant Richard en attendant le moment où ils viendront définitivement ancrer devant Royan. — C'est au surplus ce que M. Davis,
l'intelligent et actif directeur de cette puissante et ancienne Cⁱᵉ
qui est Anglaise et par conséquent pratique, réclame et veut depuis
longtemps.

Les « Messageries maritimes », du reste, bien que leur port
d'attache soit à Bordeaux, marchent déjà dans le sillage de M. Davis,

indication et un avertissement pour le haut commerce de Bordeaux, qui, par un aveuglement
pour ainsi dire fatal, ne s'aperçoit pas qu'il s'en-
lise de plus en plus dans des hésitations et des
préjugés qui pourraient un jour porter une grave
atteinte à son immense fortune. — Il faut que les
commerçants de Bordeaux reviennent aux grandes
et saines idées de leurs devanciers de 1841, qui,
eux, avec l'exact sentiment de leurs forces que
le splendide port de La Pallice n'a pu entamer,
demandaient hautement aux pouvoirs publics de
l'époque de venir à leur aide en créant à Royan,
« EN EAU PROFONDE, ET EN VUE DE RECEVOIR LES
NAVIRES DU PLUS GRAND TONNAGE » *(sic)*, une
rade pour servir *d'avant-port* et en même temps
de *port de défense* en cas d'invasion, à la métropole séculaire du commerce de la Garonne et de la
Gironde (¹).

Pour nous, les Appontements de Pauillac ne
sont qu'un acheminement, une étape vers cette
inévitable évolution. C'est du reste le vœu de
tous ceux qui sont à la tête de ces gigantesques
vaisseaux, pour qui les grands fleuves ne sont
plus des routes sûres et suffisantes ; nous dirions
même qu'en raison de tous leurs impédimenta :

et la Cⁱᵉ Gⁱᵉ Transatlantique, quoique directement intéressée à faire
valoir les Appontements de Pauillac, ne tardera pas à entrer elle-
même dans ce mouvement, qui tend à se rapprocher de plus en plus
de Royan, qui forcément doit être LA GARE DE GRANDE-VITESSE
DE LA GIRONDE.

(1) Chambres de Commerce de Bordeaux et de Libourne.

marée, brouillard, insuffisance et déplacements incessants des fonds, prolongation *ruineuse* de parcours, etc., etc., ces anciennes grandes voies ne représentent pour ainsi dire aujourd'hui, au moins dans la Gironde, que des chemins de *traverse*, indignes de ces *Express* de l'Océan !

Aussi, et nous le disons avec la confiance que donne la certitude d'une vérité qui s'impose invinciblement : avant vingt ans, le vœu réellement prophétique des Bordelais de 1841, sera réalisé, que Bordeaux et Royan le veuillent maintenant ou non ! Je dis Royan, car sa coquetterie vis-à-vis de son élégante voisine dont les visites assidues flattent depuis si longtemps sa vanité de petite ville, semble se défendre, dans sa pruderie, de sortir de son petit rôle, le seul du reste qu'elle ait joué jusqu'ici, de sémillante et gracieuse station balnéaire.

Mais nous, nous comptons qu'il surgira enfin pour Bordeaux comme pour Royan, car nous appartenons à ces deux cités, des intelligences plus hautes et des volontés plus viriles qui conduiront enfin ces deux villes, sœurs de la mer, à leur véritable destinée, qui est l'empire *commun* du plus grand et du plus magnifique fleuve de France !

Fin de Pontaillac Ancien

CONVENTIONS

CONVENTIONS
PASSÉES AVEC LA VILLE DE ROYAN

———

République Française, au nom du Peuple Français

Pardevant M⁰ CHARLES-AMÉDÉE BISEUIL, notaire à Royan, arrondissement de Marennes, soussigné,

En présence de MM. Lucien DUMAS, notaire honoraire, juge de paix du canton de Royan, et Félix SOUCHARD, négociant, demeurant tous deux à Royan, témoins instrumentaires soussignés ;

Ont comparu :

M. FRÉDÉRIC GARNIER, Maire de Royan, Chevalier de la Légion d'honneur, Député de la circonscription de Marennes, Conseiller général de la Charente-Inférieure, demeurant à Royan.

Agissant en sa qualité de Maire de Royan, sous réserve de l'autorisation de M. le Préfet.

M. ATHANASE LACAZE, Ingénieur civil, propriétaire, demeurant boulevard Jean Lacaze, à Pontaillac, commune de Royan.

Lesquels ont requis le dit notaire de dresser acte des CONVENTIONS qui vont être transcrites, intervenues entre M. Lacaze et la Commune de Royan, représentée par son Conseil municipal et M. le Maire.

Ces CONVENTIONS ont été l'objet de plusieurs délibérations, spécialement de la délibération du six mai courant autorisant M. le Maire à donner aux dites Conventions le caractère d'authenticité. Elles sont soumises à l'approbation de M. le Préfet. M. le Maire contracte en ces présentes sous la réserve la plus expresse de cette approbation.

. . . .
. . . .

CONVENTIONS

CHAPITRE PREMIER

Des obligations de M. A. LACAZE

ARTICLE PREMIER. — M. A. Lacaze cède en toute propriété et à titre gratuit, à la commune de Royan, ce accepté par M. F. Garnier, en sa qualité de Maire de la dite commune, l'emplace-

ment des voies qu'il a ouvertes lui-même, dans
la partie de la forêt de Pontaillac située au Nord-
Est de l'avenue de Paris (chemin vicinal n° 1),
telles que ces voies se trouvent désignées sur le
plan général publié et offert aux propriétaires de
Pontaillac par M. A. Lacaze, ingénieur, en janvier
mil huit cent quatre-vingt-sept et l'état A ci-
annexé.

M. A. Lacaze cède en outre à la commune de
Royan tous les droits de propriété qu'il peut
avoir concurremment avec les riverains sur le
sol de l'avenue de Paris et celui des voies ouvertes
par divers dans le Sud-Ouest de la dite avenue
sur des terrains autrefois abandonnés comme
emplacements des rues projetées par feu M. Jean
Lacaze, père, voies qui ne sont que le prolongement des voies ouvertes par M. Lacaze fils, et
qui figurent également sur le plan sus-mentionné
dûment timbré, qui est annexé à la minute de la
donation retenue ce jour par Me Biscuil qui sera
enregistré en même temps que les présentes et
l'état A ci-annexé.

ART. 2. — Remise sera faite par M. A. Lacaze
à la Ville représentée par le Maire ou son délégué,
assisté de deux membres du Conseil municipal
désignés à cet effet et de l'Agent-Voyer, des
terrains ci-dessus indiqués et il sera, en présence
des parties, M. A. Lacaze pouvant s'adjoindre
telle personne compétente qui lui conviendra,
procédé à la reconnaissance, au piquetage et au
mesurage des voies cédées à la commune. Procès-
verbal sera dressé de cette opération et signé par
les parties.

ART. 3. — M. A. Lacaze déclare donner son
approbation complète et formelle, et sans aucune
réserve, en ce qui le concerne, aux travaux de
voirie exécutés jusqu'à ce jour à Pontaillac,

notamment pour la création de la place le long de laquelle s'élèvent les chalets Pasqueau, Vigean et de La Roche-Aymon, place dont il approuve le tracé actuel, et aussi abandonner gratuitement à la Ville les parcelles de terrain qui ont pu être incorporés aux voies déjà créées par la Ville.

ART. 4. — La présente cession est consentie et acceptée aux clauses et conditions suivantes que M. F. Garnier, ès-qualité qu'il agit, s'oblige à exécuter TRÈS-STRICTEMENT ET TRÈS-FIDÈLE-MENT.

CHAPITRE II

Des obligations de la Ville

ART. 5. — La Commune s'engage à exécuter et à mettre en bon état de viabilité, dans un délai maximum de quatre ans à partir de ce jour, toutes les voies portées sur l'état A ci-annexé et ayant pour titre : « *Programme et devis des travaux et dépenses à effectuer à Pontaillac en raison des Conventions passées entre la commune et M. A. Lacaze.* » Ces travaux commenceront aussitôt l'approbation par M. le Préfet de la Charente-Inférieure des dites Conventions et se continueront conformément aux indications fournies par ledit état A.

Les empierrements des chaussées se feront en calcaire du pays et auront cinq mètres de largeur sur vingt-cinq centimètres d'épaisseur dont dix centimètres de pierres cassées conformément aux prescriptions habituelles du service vicinal.

ART. 6. — Toutes les voies seront après leur empierrement pourvues d'un trottoir en terre de dix-huit centimètres de hauteur ou de vingt centimètres sur trois mètres de largeur de chaque côté pour celles de dix mètres ; un mètre cinquante de largeur de chaque côté pour celles de huit mètres de largeur.

CES TROTTOIRS RECEVRONT UNE BORDURE EN PIERRE OU BÉTON DE CIMENT.

ART. 7. — Au fur et à mesure de leur achèvement LES VOIES SERONT GARNIES DE BANCS EN FER ET BOIS ET COMPLANTÉES D'ARBRES D'essences, de platanes, acacias, peupliers ou ormeaux.

L'avenue Clémence-Isaure dans la partie comprise entre l'avenue de Paris et la façade de Verthamon ne pourra être complantée que de peupliers ainsi qu'elle l'a été déjà par M. A. Lacaze dans son autre partie.

ART. 8. — LA COMMUNE S'OBLIGE TRÈS-EXPRESSÉMENT A TENIR EN TOUT TEMPS EN PARFAIT ÉTAT DE VIABILITÉ , D'ENTRETIEN ET DE PROPRETÉ TOUTES LES VOIES QUI FONT L'OBJET DES PRÉSENTES CONVENTIONS.

Pour l'entretien il ne sera employé que du SILEX DE CHATENAY ou cailloux similaires.

LA COMMUNE DEVRA AVOIR ET MAINTENIR CONTINUELLEMENT A PONTAILLAC LE NOMBRE DE CANTONNIERS NÉCESSAIRES POUR ASSURER LE PARFAIT ENTRETIEN ET LA PROPRETÉ DES VOIES.

UN DES CANTONNIERS SERA ASSERMENTÉ COMME GARDE, EN VUE DE VEILLER A LA CONSERVATION DES PROPRIÉTÉS COMMUNALES ET PARTICULIÈRES et de pouvoir à cet effet dresser tous procès-verbaux.

ART. 9. — Toutes les voies sur lesquelles il existe ou existera des constructions quel qu'en soit le nombre seront successivement éclairées AU GAZ sans dépasser la proportion ordinaire de 1 bec par 50 mètres de canalisation. Les becs à placer dans la limite spécifiée au traité qui lie la Ville à la Compagnie du gaz, le seront de préférence au croisement des voies.

PENDANT LA SAISON BALNÉAIRE, L'ÉCLAIRAGE DE TOUS LES BECS AURA LIEU TOUS LES SOIRS. En dehors de cette saison l'éclairage pourra être réduit aux becs placés aux angles formés par les routes, boulevards ou avenues.

Le tableau d'allumage et d'extinction des becs sera en tout temps celui appliqué à la Ville.

ART. 10. — DES POTEAUX INDICATEURS OU DES PLAQUES conformes à celles de Royan ville portant les noms des voies tels que ces noms sont indiqués sur l'état ci-annexé seront placés dans les trois mois après la date de l'approbation préfectorale, à tous les angles de ces voies. La place publique dont le terrain a été donné à la commune par les héritiers Lacaze, portera le nom de place de Pontaillac, et le millésime de la fondation de Pontaillac (1856), mil huit cent cinquante-six, figurera sur les poteaux indicateurs de cette place.

ART. 11. — L'avenue de Paris sera prolongée jusqu'au pont placé sur le ruisseau qui forme la limite des communes de Royan et de Vaux. Cette voie régulièrement classée par la Commission départementale de la Charente-Inférieure comme chemin vicinal de quatorze mètres de largeur entre fossés ou constructions et qui n'a été exécutée qu'à dix mètres de largeur en raison des maisons qui la bordent sera après enquête régulière portée à douze mètres entre fossés ou constructions et immédiatement élargie partout ou il n'existe pas de constructions, les constructions étant simplement frappées de reculement.

Pour favoriser cet élargissement, M. A. Lacaze cède gratuitement à la commune de Royan tous les terrains nécessaires dont il est actuellement propriétaire le long de cette avenue, qui aura six mètres de chaussée et trois mètres de trottoirs de chaque côté.

LES TROTTOIRS seront d'ici deux ans pourvus de bordures en pierre ou en béton de ciment. CETTE GRANDE VOIE SERA ÉCLAIRÉE ET ENTRETENUE COMME LES PRÉCÉDENTES.

ART. 12. — L'élargissement du bas côté de l'avenue de Royan à Pontaillac, commencé depuis des années, sera terminé dans le délai d'un an partout où existent des terrains non bâtis et non enclos.

ART. 13. — Avant le premier juin mil huit cent quatre-vingt-douze une POMPE PUBLIQUE sera établie sur le puits existant sur la place de Pontaillac, et qui a été autrefois creusé par les soins et aux frais de M. Jean Lacaze.

ART. 14. — LE SERVICE DES BOURRIERS se fera régulièrement pendant l'été et de la même manière qu'à Royan partout où il existera des maisons.

ART. 15. — L'arrêté municipal proscrivant aux voitures publiques d'emprunter l'avenue de Paris à l'aller vers Pontaillac SERA MAINTENU ET STRICTEMENT OBSERVÉ.

ART. 16. — A l'avenir pendant la saison des bains, LE SERVICE DE L'ARROSAGE commencera à Pontaillac sur l'avenue de Paris à la même époque qu'à Royan ville. Ce service sera maintenu partout où il existe actuellement.

Art. 17. — L'accès de l'établissement ou des établissements de bain installés sur la plage sera rendu facile et propre.

Art. 18. — La commune fera toutes les démarches nécessaires auprès la Société Decauville et du département pour assurer le plus tôt possible l'élargissement projeté de la façade de Verthamon et la reconstruction au nouvel alignement du mur de quai, construit autrefois par M. de Verthamon.

Art. 19. — Un bâtiment ou plusieurs bâtiments distincts pour octroi, bureau de poste et télégraphe et bureau de police seront construits ou loués dans un délai de deux ans, par les soins de la commune.

Pendant toute la saison balnéaire un agent sera spécialement chargé de la surveillance de Pontaillac.

Art. 20. — M. Lacaze est autorisé, sous les conditions ordinaires d'administration publique, à construire à ses frais un marché aux comestibles a Pontaillac, où et quand bon lui semblera, si la commune n'en a pas établi un au préalable. La commune pourra à son gré retirer cette autorisation, sous la condition de devenir propriétaire du dit marché en achetant le terrain et la construction y affectés au prix de revient des dits terrains et constructions dont il sera justifié tant par les titres de propriété du détenteur que par les mémoires réglés des entrepreneurs certifiés par l'architecte.

Art. 21. — Pendant la saison balnéaire le tramway Decauville continuera à desservir

Pontaillac, comme il a été desservi cette année, l'horaire du service étant le même que pour Royan ville depuis le matin huit heures jusqu'à huit heures du soir. A partir de huit heures du soir l'horaire pourra être modifié SANS TOUTEFOIS QU'IL PUISSE Y AVOIR MOINS D'UN VOYAGE ALLER ET RETOUR PAR HEURE JUSQU'A ONZE HEURES ET DEMIE DU SOIR.

ART. 22. — Pendant la saison balnéaire il sera établi à Pontaillac une STATION DE VOITURES publiques d'au moins dix voitures de neuf heures du matin à neuf heures du soir.

ART. 23. — Si le tramway relie directement la gare du Chemin de fer à Pontaillac, la Municipalité demandera aux Compagnies de Chemin de fer (Etat, Orléans et autres) de délivrer des tickets avec la mention de, par exemple, « Bordeaux à Pontaillac-Royan » et vice versa avec guichet, pour la délivrance de tickets, à Pontaillac.

Les colis postaux et de grande vitesse seraient admis à ce guichet.

ART. 24. — Dans l'intérêt des parties contractantes, il est expressément entendu que jusqu'au premier janvier dix-neuf cent AUCUNE VOIE NOUVELLE VENANT DÉBOUCHER SUR LE BOULEVARD JEAN LACAZE ne pourra être ouverte par la Commune sans accord préalable et constaté par écrit entre la Municipalité et M. A. Lacaze.

Monsieur Lacaze de son côté ne pourra sans s'être entendu avec le Conseil Municipal augmenter les charges de la commune de Royan, en ouvrant sur ses terrains des rues nouvelles.

ART. 25. — Le chemin vicinal n° 9 dit du littoral sera exécuté le plus tôt possible suivant le tracé indiqué sur le plan général de Pontaillac publié en janvier mil huit cent quatre vingt-sept par M. A. Lacaze, sous réserve de l'homologation de ce plan par la Commission départementale.

Ce chemin pourra n'être que gazonné.

Art. 26. — Aussitôt l'exécution des travaux spécifiés sur l'état A annexé, ou pendant leur cours, la ville fera dresser UN PLAN D'ALIGNEMENT ET DE NIVELLEMENT DE TOUT LE QUARTIER DE PONTAILLAC, en prenant pour point de départ le plan dressé par M. A. Lacaze en mil huit cent quatre-vingt-sept.

Art. 27. — Les dépenses des travaux à exécuter dans l'espace de quatre années suivant état sur les voies cédées gratuitement à la ville par M. A. LACAZE sont évaluées à la somme de trente mille francs.

Dans le cas où les prévisions de dépenses pour et par chaque nature de travail se trouveraient dépassées, la commune après justification d'une dépense de trente mille francs ne saurait être obligée au dessus de cette somme. Et par contre, si des économies étaient réalisées sur ces prévisions, elles seraient employées en nouveaux travaux après entente avec Monsieur A. Lacaze.

Art. 28. — Dans le cas où Royan serait doté d'une DISTRIBUTION D'EAU, cette distribution devrait être étendue jusqu'à Pontaillac.

Art. 29. — Toute contestation relative à la loyale et fidèle exécution d'un ou plusieurs articles des présentes sera jugée par deux arbitres amiables compositeurs, jugeant en dernier ressort et sans appel, avec pouvoir, pour se départager s'il y a lieu, de tirer au sort un tiers arbitre sur la présentation qui leur sera faite de deux noms choisis et désignés par le Président du Tribunal civil de l'arrondissement.

ART. 30. — Les frais des présentes conventions y compris le coût d'une expédition pour M. A. Lacaze sont à la charge de la commune de Royan.

Ont signé :

MM. Frédéric GARNIER, Athanase LACAZE, Lucien DUMAS, Félix SOUCHARD, BISEUIL, ce dernier notaire.

En conséquence : LE PRÉSIDENT DE LA RÉPUBLIQUE FRANÇAISE :

Mande et ordonne à tous huissiers sur ce requis de mettre les présentes à exécution,

Aux Procureurs Généraux et aux Procureurs de la République près les Tribunaux de première instance d'y tenir la main.

A tous commandants et officiers de la force publique d'y prêter main forte lorsqu'ils en seront légalement requis.

En foi de quoi les présentes ont été signées et scellées par ledit Mᵉ BISEUIL, notaire.

Signé : BISEUIL.

ANNEXE

ETAT A.

Programme et devis des travaux et dépenses à effectuer à Pontaillac en raison des conventions passées entre la commune de Royan et M. Athanase Lacaze.

CHAPITRE PREMIER

Terrassement et Empierrement des Voies

ARTICLE PREMIER. — Terrassement et empierrement des voies qui ont reçu un premier empierrement mais qui ont besoin d'être réparées.

1° Boulevard Jean Lacaze six cents

mètres. 600.00

2º Avenue Clémence Isaure (1ʳᵉ partie dans le Nord-Est de l'avenue de Paris) cent mètres 100.00

3º Avenue de Bordeaux, deux cent vingt-six mètres. 226.00

Longueur totale neuf cent vingt-six mètres. 926.00

Travaux évalués, en y comprenant la réparation ou la création de trottoirs en terre avec bordure provisoire en gazon.

Pour les sept cents mètres des deux premières voies à quatre francs le mètre soit deux mille huit cents francs . . . 2.800.00

Pour les deux cent vingt-six mètres de l'Avenue de Bordeaux à deux francs le mètre : quatre cent cinquante-deux francs. 452.00

Total des travaux de réfection, trois mille deux cent cinquante deux francs. 3.252.00

ART. 2. — Empierrement des voies dont les gros terrassements sont exécutés mais qui ont besoin d'être nivelées par suite de leur déformation depuis l'exécution.

1º Avenue de Valombre, cent quarante-quatre mètres. 144.00

2º Avenue Emilie, deux cent quatre-vingt-quinze mètres 295.00

3º Avenue des Montagnes-Russes (1ʳᵉ partie, au Nord-Est de l'avenue de Paris), cent quarante-deux mètres. . 142.00

Longueur totale : cinq cent quatre-vingt-un mètres. 581.00

Evaluation de la dépense : cinq cent quatre-

vingt-un mètres, à cinq francs le mètres, ci. 2.905.00

Trottoirs de terre de vingt centimètres de haut avec bordure provisoire
en gazon, mille cent soixante-deux
mètres à un franc cinquante centimes
le mètre, mille sept cent quarante-
trois francs, ci. 1.743.00

Dépense : Quatre mille six cent
quarante-huit francs, ci. 4.648.00

ART. 3. — Voies dont les gros terrassements
restent à achever, et dont l'empierrement n'est
pas fait.

1° Avenue des Montagnes-Russes
(2ᵉ partie), cent mètres. 100.00

2° Avenue Clémence-Isaure (2ᵉ partie), cent quarante-un mètres . . . 141.00

3° Avenue de Limoges, deux cent
quarante-un mètres. 241.00

4° Avenue d'Angoulême (1ʳᵉ partie
au Nord-Est de l'avenue de Paris),
soixante dix-huit mètres 78.00

Longueur totale : cinq cent trente-
trois mètres 533.00

Dépense : Terrassement et empierrement, cinq
cent trente trois mètres, à six francs le mètre,
trois mille cent quatre-vingt-dix-huit francs,
ci 3.198.00

Trottoirs en terre, mille soixante-
six mètres à un franc cinquante centimes, mille cinq cent quatre-vingt-
dix-neuf francs, ci 1.599.00

Total de l'article 3 : quatre mille
sept cent quatre-vingt-dix-sept francs,
ci 4.797.00

ART. 4. — Voies dont les terrassements ne sont pas faits.

Avenue d'Angoulême (2ᵉ partie), cent quarante-quatre mètres, à huit francs le mètre, mille cent cinquante-deux francs, ci 1.152.00

Trottoirs en terre : deux cent quatre-vingt huit mètres, à un franc cinquante centimes le mètre, quatre cent trente-deux francs, ci 432.00

Dépense totale de l'article 4 : mille cinq cent quatre-vingt-quatre francs, ci 1.584.00

Récapitulation des dépenses du chapitre premier

ART. 1ᵉʳ. — Réparation et trottoirs en terre, deux mille cinq cent cinquante deux francs, ci 2.552.00

ART. 2. — Nivellement, empierrement, trottoirs en terre, quatre mille six cent quarante-huit francs, ci . . 4.648.00

ART. 3. — Terrassement, empierrement et trottoirs, quatre mille sept cent quatre-vingt dix-sept francs, ci . 4.797.00

ART. 4. — Voies à ouvrir, mille cinq cent quatre-vingt-quatre fraics . 1.584.00

Ensemble : Treize mille cinq cent quatre vingt-un francs, ci 13.581.00

CHAPITRE DEUXIÈME

Cylindrage
des chaussées indiquées au Chapitre Premier

ARTICLE UNIQUE. — La longueur totale de ces

10

chaussées étant de deux kilomètres cent quatre-vingt-quatre mètres, la largeur moyenne de l'empierrement de cinq mètres, la surface à cylindrer sera de dix mille neuf cent vingt mètres carrés à dix centimes le mètre, le rouleau et les tonneaux d'arrosage étant fournis par l'Administration, la dépense peut être évaluée à mille quatre-vingt-douze francs.

CHAPITRE TROISIÈME

Bordures de trottoirs en ciment

ARTICLE UNIQUE. — La longueur des voies étant de deux kilomètres cent quatre-vingt mètres.

La longueur des bordures de trottoirs en ciment sera de quatre mille trois cent soixante-huit mètres.

A trois francs le mètre courant, la dépense sera de treize mille cent quatre francs, dont la moitié sera mise à la charge des riverains.

Reste à la charge de la commune, l'autre moitié.

Soit : Six mille cinq cent cinquante quatre francs, total du Chapitre III.

NOTA. — Si cette dépense ne peut être mise pour la moitié à la charge des riverains, la commune ne pourra toutefois refuser les offres de concours qui lui seront faites, et qui devront représenter la moitié de la dépense. Mais si dans le courant de la deuxième année, cette dépense pour les trottoirs n'avait pu trouver son emploi par suite du refus de concours des propriétaires, toute la somme disponible à ce moment serait employée à établir tous les trottoirs manquants à cette époque sur le boulevard Jean Lacaze et l'avenue Clémence-Isaure.

CHAPITRE QUATRIÈME

Eclairage au gaz, Candélabres et lanternes ronds

ARTICLE UNIQUE. — La longueur des voies étant de deux mille cent quatre-vingt-quatre mètres et le cahier des charges prescrivant au profit de la Compagnie un bec par cinquante mètres de canalisation, quarante-trois becs doivent être prévus, ce qui représente à cent dix francs par bec une dépense de quatre mille sept cent trente francs, ci 4.730.00

Total du chapitre IV, quatre mille sept cent trente francs, ci 4.730.00

La ville ne pouvant exiger de la compagnie plus de un kilomètre de canalisation pour chaque année, l'éclairage au gaz de la totalité des voies visées dans le présent traité exigera deux ans.

CHAPITRE CINQUIÈME

Bancs en fer et bois
à placer sur les Boulevards et Avenues

Ces bancs seront conformes aux modèles de la maison Allez frères, de Paris, et seront de deux types.

1° Bancs dits de la ville de Paris, longueur deux mètres vingt centimètres, du prix de cinquante-cinq francs chaque.

2° Bancs droits de un mètre quatre-vingts cen-

timètres, avec siège et dossier en chêne, montés
sur pieds ornés avec bras à scellement, du prix de
trente-cinq francs chaque.

Trente-sept bancs seront nécessaires, savoir :
douze à cinquante-cinq francs, sur le boulevard
Jean Lacaze, Coût : six cent soixante francs,
ci.. . . . .   660.00

Vingt-cinq à trente-cinq francs sur
les sept autres voies ; Coût : huit cent
soixante-quinze francs, ci.. . . .   875.00

Frais de pose à raison de cinq francs
par banc, soit pour trente-sept ; Coût :
cent quatre-vingt-cinq francs, ci . .   185.00

Dépense totale du Chapitre V, mille
sept cent vingt francs 1.720.00

Les vingt-cinq petits bancs seront ainsi ré-
partis : Avenue de Valombre, trois ; Avenue
Émilie, cinq ; Avenue des Montagnes-Russes,
cinq ; Avenue Clémence-Isaure, cinq ; Avenue
de Bordeaux, trois ; Avenue de Limoges, deux ;
Avenue d'Angoulême, deux.

CHAPITRE SIXIÈME

Plaque des rues

Dépense : Quatre cents francs, ci .   400.00

CHAPITRE SEPTIÈME

Fourniture et pose d'une pompe sur la place de Pontaillac

Dépense : Quatre cents francs, ci .   400.00

CHAPITRE HUITIÈME

Plantations

Achat et plantation de cent cinquante arbres à deux francs cinquante centimes l'un, trois cent soixante-quinze francs, ci 375.00

Récapitulation générale

CHAP. I. — Terrassements et empierrements, treize mille cinq cent quatre-vingt un francs, ci 13.581.00

CHAP. II. — Cylindrage des chaussées, mille quatre-vingt-douze francs, ci 1.092.00

CHAP. III. — Bordures de trottoirs en ciment, six mille cinq cent cinquante-quatre francs, ci. 6.554.00

CHAP. IV. — Eclairage par le gaz, quatre mille sept cent trente francs, ci. 4.730.00

CHAP. V. — Bancs, mille sept cent vingt francs, ci 1.720.00

CHAP. VI. — Plaques des rues, quatre cents francs, ci 400.00

CHAP. VII. — Pompe publique, quatre cents francs, ci 400.00

CHAP. VIII. — Plantations, trois cent soixante-quinze francs, ci . . 375.00

Total : Vingt-huit mille cinq cent cinquante-deux francs, ci.. . . . 28.552.00

Somme à valoir : Mille quatre cent quarante-huit francs, ci. 1.448.00

Montant égal aux dépenses prévues : Trente mille francs, ci 30.000.00

ORDRE D'EXÉCUTION DES TRAVAUX

Aussitôt approbation des conventions par M.
le Préfet de la Charente-Inférieure, on prendra
les mesures nécessaires pour mettre à l'adjudication et terminer pour le premier juin mil huit
cent quatre-vingt-onze les travaux suivants :

§ I. — *Terrassements et empierrements*

1° Tous les travaux prévus à l'article 1 du
chapitre premier pour la réfection du boulevard
Jean Lacaze et de l'ouverture de l'avenue Clémence-Isaure première partie soit : Deux mille
huit cent francs, ci.. . . . . . . 2.800.00

2° Tous les travaux prévus et dé-
taillés à l'article 2 du chapitre premier,
soit : Quatre mille six cent quarante-
huit francs, ci. 4.648.00

3° Tous les travaux prévus et dé-
taillés à l'article 3 du chapitre premier
en tant qu'ils portent sur :

1° L'Avenue des Montagnes Russes
deuxième partie, soit terrassements et
empierrements, cent mètres à six
francs, six cents francs, ci.. . 600 ⎫
Trottoirs, deux cents mètres   ⎬   900.00
à un franc cinquante centimes,   ⎪
trois cents francs, ci. . . . 300 ⎭

2° L'Avenue Clémence-Isaure deuxième partie, terrassements et empierrements, cent quarante-un mètres à
six francs, huit cent quarante-six

A *reporter.* 8.348.00

Report. 8.348.00

francs, ci . . . . . . 846 ⎫
    Trottoirs : deux cent quatre- ⎪
vingt-deux mètres à un franc ⎬ 1.269.00
cinquante centimes, quatre cent ⎪
vingt-trois francs, ci. . . . 423 ⎭

    Total du § I, neuf mille six cent dix-
sept francs, ci 9.617.00

§ II. — *Cylindrage des Chaussées*

    Cylindrage des chaussées portées
au § I ci-dessus, soit douze mille six
cent dix mètres carrés de chaussées à
dix centimes, mille deux cent soixante-
un francs, ci 1.261.00

§ III. — *Eclairage par le gaz*

    Eclairage par le gaz au moyen de
seize becs de l'avenue Clémence-Isaure
et du boulevard Jean-Lacaze : longueur de canalisation, huit cent quarante-un mètre pour les candélabres,
soit une dépense de mille sept cent
soixante francs, ci 1.760.00

§ IV. — *Plaques des rues*

    Quatre cents francs, ci. 400.00

§ V. — *Bancs*

    Achat et pose de trente-sept bancs,
mille sept cent vingt francs, ci. . . 1.720.00

    Total : Quatorze mille sept cent

cinquante-huit francs, ci 14.758.00

Somme à valoir pour imprévu, mille deux cents quarante-deux francs, ci. . 1.242.00

Montant général de la première, annuité, seize mille francs, ci . . . 16.000.00

Les quatorze mille francs restant à dépenser sur les trente mille francs de dépense prévus le seront de la manière suivante :

En mil huit cent quatre-vingt-douze, six mille francs, ci. 6.000.00

En mil huit cent quatre-treize, six mille francs, ci 6.000.00

En mil huit cent quatre-vingt-quatorze, deux mille francs, ci. . . . 2.000.00

Le programme des travaux à exécuter dans le cours de chacune de ces trois années sera arrêté sur les indications de M. LACAZE, et après entente avec lui.

Certifié véritable le présent état, qui doit être annexé à la Minute d'un acte passé ce jour sept mai mil huit cent quatre-vingt-onze devant Mᵉ BISEUIL, notaire.

Ont signés :

MM. Frédéric GARNIER, Athanase LACAZE, Lucien DUMAS, Félix SOUCHARD et BISEUIL, ce dernier notaire.

A la suite est la mention :

Enregistré à Royan le huit Mai 1891, folio 21, case 7. Reçu trois francs et décimes soixante-quinze centimes.

Signé : MONGIN.

APPROBATION DES CONVENTIONS

par

Le Préfet de la Charente-Inférieure

République Française. — Au nom du Peuple Français

Pardevant Mᵉ CHARLES-AMÉDÉE BISEUIL, notaire à Royan, arrondissement de Marennes, soussigné.

En présence de MM. CONSTANTIN-DANIEL BOUYER, ancien percepteur des Contributions directes à Royan, et JEAN RENAULAUD, scieur de long demeurant tous deux à Royan, témoins instrumentaires,

Ont comparu :

M. FRÉDÉRIC GARNIER, Chevalier de la Légion d'honneur, Député de la circonscription de Marennes, Conseiller général de la Charente-Inférieure, Maire de Royan, demeurant à Royan.

Agissant en sa qualité de Maire de Royan.

Lequel a exposé ce qui suit :

Par acte passé devant le notaire soussigné, en présence de témoins le sept mai dernier, enregistré, M. ATHANASE LACAZE, Ingénieur civil, demeurant à Pontaillac, commune de Royan, a fait donation entrevifs, à titre gratuit, à la commune de Royan, de :

I. — L'emplacement des voies que le dit M. LACAZE a ouvertes dans la partie de la forêt de Pontaillac, située au Nord-Est de l'avenue de Paris, chemin vicinal n° 1, telles que ces voies se trouvent désignées sur le plan annexé audit acte avec observation toutefois que le tracé de la place de Pontaillac, ainsi que le tracé de l'avenue Émilie n'étaient pas exactement représentés sur ce plan.

II. — Tous les droits de propriété que M. LACAZE pouvait avoir concurremment avec les riverains sur le sol de l'avenue de Paris et celui des voies ouvertes par divers dans le Sud-Est de ladite avenue sur des terrains autrefois abandonnés comme emplacement de voies projetées par feu M. JEAN LACAZE père, voies qui ne sont que le prolongement des voies ouvertes par M. LACAZE, fils et qui figurent également sur le plan.

Par une délibération en date du treize août dernier visée par M. le Préfet dans l'arrêté ci-après énoncé, le Conseil municipal de Royan a déclaré accepter la libéralité faite par M. LACAZE.

Par acte passé devant ledit Me BISEUIL, le sept mai 1891, M. LACAZE et M. GARNIER, en sa dite qualité de Maire, mais sous réserve de l'approbation de M. le Préfet ont donné l'authenticité à diverses conventions que le Conseil municipal avait approuvées par des délibérations en date des vingt-six janvier et vingt-cinq février mil huit cent quatre-vingt-onze visées par M. le Préfet dans l'arrêté ci-après énoncé.

Par un arrêté pris en CONSEIL DE PRÉFECTURE le trente octobre dernier, M. le Préfet de la Charente-Inférieure a autorisé la commune de Royan en la personne de son Maire, à accepter aux charges, clauses et conditions imposées, en tant qu'elles ne sont pas contraire aux lois, la donation à elle faite par M. LACAZE, suivant l'acte sus-énoncé du sept mai, donation qui consite dans l'emplacement des voies ouvertes par ledit M. LACAZE, dans la forêt de Pontaillac, lesquelles voies sont d'une superficie totale de deux hectares, quatre vingt-quatre ares vingt centiares et sont d'une valeur de cinq mille francs représentant à un pour cent un revenu annuel de cinquante francs.

ET A APPROUVÉ PAR LE MÊME ARRÊTÉ LE TRAITÉ INTERVENU ENTRE L'ADMINISTRATION MUNICIPALE DE ROYAN ET M. LACAZE ET CONSTATÉ PAR L'ACTE DU SEPT MAI DERNIER.

Une ampliation de cet arrêté délivrée par M. le Sous-Préfet de Marennes est demeurée ci-annexée après mention de cette annexe par le notaire et les témoins.

En exécution de cet arrêté M. GARNIER, maire, agissant pour la commune de Royan, a déclaré que la donation ci-dessus rappelée est et demeure acceptée définitivement par ladite commune de Royan et *que les Conventions constatées par l'acte du sept mai dernier, étant approuvées par l'arrêté sus-énoncé seront exécutés*, Mᵉ BISEUIL comme notaire détenteur de la minute du présent acte d'acceptation devra en délivrer grosse et expédition aux personnes intéressées, parties aux actes ou à leurs héritiers et représentants.

A cette acceptation définitive est intervenu

M. ATHANASE LACAZE, Ingénieur civil, demeurant à Pontaillac, donateur.

Lequel a déclaré tenir ladite acceptation pour valablement notifiée par ces présentes, il a consenti que la commune de Royan soit mise immédiatement en possession de tous les terrains faisant l'objet de la donation.

Il reconnaît aussi que l'arrêté d'approbation ci-dessus énoncé lui est valablement notifié, en ce qui concerne *les conventions contenues au dit acte du sept mai, lesquelles deviennent définitives et seront exécutées.*

Les frais et droits des présentes seront payés par la commune.

Dont Acte.

Fait et passé à Royan en l'étude, l'an mil huit cent quatre vingt-onze, le vingt-sept novembre.

Après lecture MM. GARNIER et LACAZE ont signé avec les témoins et le notaire.

La lecture du présent acte par le notaire aux parties, sa signature par celles-ci et le notaire ont eu lieu en la présence réelle des deux témoins instrumentaires.

On signé :

FRÉDÉRIC GARNIER, ATHANASE LACAZE, BOUYER, RENOULEAUD et BISEUIL, ce dernier notaire.

A la suite est la mention :

Enregistré à Royan le premier décembre 1891. Fol. 52. C° 1 et 2. Reçu quatre-vingt-dix francs et décimes, vingt-deux francs cinquante centimes.

Signé : MONGIN.

ANNEXE

RÉPUBLIQUE FRANÇAISE

—

Sous-Préfecture de Marennes

—

Le Préfet du département de la Charente-Inférieure, Chevalier de la Légion d'honneur et Officier de l'Instruction publique, en conseil de Préfecture où sont présents : MM. Genty-Magre, Ed. Beltrémieux et David.

Vu l'acte public en date du 7 mai dernier par lequel M. Lacaze a fait donation à la commune de Royan de l'emplacement des voies qu'il a ouvertes dans la partie de la forêt de Pontaillac située au Nord-Est de l'avenue de Paris ;

Le plan des lieux ;

Le certificat constatant l'existence du donateur ;

Les renseignements fournis par l'autorité locale sur la position de fortune et sur celle de ses héritiers présomptifs ;

Le procès-verbal d'estimation des immeubles donnés ;

La délibération en date du 13 août dernier par laquelle le Conseil municipal a déclaré accepter la libéralité en question ;

Le traité intervenu le 7 mai précédent entre l'Administration municipale de Royan et M. Lacaze, et par lequel ce dernier a fait abandon à ladite commune sous diverses conditions de tous ses droits de propriété sur les voies comprises dans l'acte de donation sus visé ;

Les délibérations en date des 26 janvier et 25 février 1891, par lesquelles le Conseil municipal a donné son adhésion au traité précité ;

Le budget communal ;

L'avis de M. le Sous-Préfet de Marennes du 30 septembre dernier, en ce qui concerne la donation en question ;

Les autres pièces qui composent le dossier de l'affaire ;

Le décret du 25 mars 1852.

Les art. 68 (§ 8) et 111 de la loi du 5 avril 1884.

Considérant que la donation faite par M. Lacaze est avantageuse à la commune ;

Que le donateur est dans une position de fortune qui lui permet de faire cette libéralité sans qu'elle puisse nuire aux intérêts de ses héritiers présomptifs ;

Qu'aucune réclamation n'a été faite par les prétendants droits à la succession du donateur ;

Le Conseil de Préfecture entendu :

ARRÊTE :

ART. 1er. — La commune de Royan, en la

personne de son Maire est autorisée à accepter aux charges, clauses et conditions imposées, en tant qu'elles ne sont pas contraire aux lois, la donation à elle faite par M. Lacaze suivant l'acte sus-visé et qui consiste dans l'emplacement des voies ouvertes par le sus-nommé dans la forêt de Pontaillac, lesquelles voies sont d'une superficie totale de deux hectares quatre-vingt-quatre ares vingt centiares et sont d'une valeur de cinq mille francs, représentant à un pour cent un revenu annuel de cinquante francs.

ART. 2. — *Est approuvé, le traité sus-visé, intervenu entre l'Administration municipale de Royan, et M. Lacaze à la date du 7 mai dernier.*

ART. 3. — M. le Sous-Préfet de Marennes, est chargé en ce qui le concerne de l'exécution du présent arrêté.

La Rochelle, le 30 octobre 1891.

Le Préfet,
Signé : GRIMANELLI.

Pour copie conforme :

Pour M. le Préfet,
Le Conseiller de Préfecture délégué,
Signé : GENTY-MAGRE.

Pour copie conforme :

Pour le Sous-Préfet,
Le Maire délégué,
Signé : L. POMMIER.

Pour demeurer annexé à la minute d'un acte

d'acceptation passé ce jour, devant Me Biseuil, notaire à Royan, le 27 novembre 1891.

Ont signé :

FRÉDÉRIC GARNIER, BOUYER, RENOULEAUD et BISEUIL.

En conséquence, le Président de la République Française,

Mande et ordonne, à tous huissiers sur ce requis de mettre les présentes à exécution ;

Aux Procureurs généraux et aux Procureurs de la République, près les Tribunaux de 1re Instance, d'y tenir la main ;

A tous commandants et officiers de la force publique d'y prêter main-forte, lorsqu'ils en seront légalement requis.

En foi de quoi, les présentes ont été signées et scellées par ledit Me Biseuil, notaire.

Signé : BISEUIL.

APPENDICES

APPENDICE A

Procès-verbal de la pose de la première pierre de l'Eglise Notre-Dame-des-Anges, dressé par le curé Doyen de N.-D. de Royan.

LE DEUX FÉVRIER
DE L'AN DE GRACE
MIL HUIT CENT QUATRE-VINGT-ONZE
FÊTE DE LA PURIFICATION DE LA BIENHEUREUSE
VIERGE MARIE
LE SOUVERAIN PONTIFE
LÉON XIII
GLORIEUSEMENT RÉGNANT
MONSEIGNEUR ETIENNE ARDIN
ÉTANT ÉVÊQUE DE LA ROCHELLE
CETTE PREMIÈRE PIERRE
DE LA CHAPELLE ÉRIGÉE A PONTAILLAC
SOUS LE VOCABLE DE NOTRE-DAME-DES-ANGES
SUR LES PLANS DE M. L'ARCHITECTE RULLIER
EXÉCUTÉS PAR LES FRÈRES RICOUX,
ENTREPRENEURS
A ÉTÉ POSÉE PAR LES SOINS
DE M. ATHANASE LACAZE
DONATEUR DE CE TERRAIN
ET DE MM. EUGÈNE DENIS ET FERDINAND BECK
EN PRÉSENCE DE MM.
PIERRE-ALPHONSE DIONNET CURÉ DOYEN
DE N.-D. DE ROYAN
ALPHONSE GUÉNON, CURÉ DE S.-PIERRE DE ROYAN
OCTAVE NEAU, VICAIRE DE N.-D. DE ROYAN
POUR RÉPONDRE A CE VŒU DU SAUVEUR :
Erit unum ovile
et unus pastor

CONSTRUCTION
DE
L'ÉGLISE NOTRE-DAME-DES-ANGES
A PONTAILLAC

COMITÉ DE SECOURS

STATUTS

(Extrait d'un acte passé dans l'étude de M⁰ BRISSET, notaire à Royan, les 22, 24 et 25 Août 1892).

Entre :

Monsieur Marie-Bertrand-Athanase Lacaze, ingénieur civil, demeurant boulevard Jean-Lacaze, à Pontaillac, commune de Royan.

Monsieur Ferdinand Beck, officier d'administration, ayant demeuré à Paris, quai d'Orsay, et demeurant actuellement à Pontaillac, villa Roger, avenue des Montagnes-Russes.

Monsieur Jules-Eugène-Gustave Denis, propriétaire, demeurant à Paris, rue du Faubourg Saint-Honoré n° 240, et actuellement à Pontaillac, grand Hôtel de l'Europe, boulevard de Cordouan.

Ensemble d'une part :

Et Monsieur Jean-Baptiste-Adrien Joly de Beynac, propriétaire, demeurant à Royan, villa Saint-Hubert, rue du Casino, n° 88.

Agissant en sa qualité de Président du Conseil de

Fabrique de l'Eglise Notre-Dame de Royan, et comme délégué par ce Conseil.
D'autre part.

EXPOSÉ :

Aux termes d'un acte reçu en présence de témoins, par Mᵉ Brisset, notaire à Royan, le 7 mars 1891, M. Marie-Bertrand-Athanase Lacaze, ingénieur civil et propriétaire, demeurant à Pontaillac, commune de Royan, a donné gratuitement à la Fabrique de l'Eglise de Royan un terrain de mille mètres carrés environ, situé à Pontaillac, avenue de Paris.

Cette donation a eu lieu en vue de l'édification sur le terrain donné, par tel moyen qu'il serait possible, d'une chapelle paroissiale de secours, annexe de l'Eglise Notre-Dame de Royan, dans laquelle serait assuré le service paroissial, régulier et permanent du culte catholique.

Depuis l'époque de cette donation, il s'est formé spontanément entre les personnes dont les noms précèdent, MM. Athanase Lacaze, Ferdinand Beck et Eugène Denis, un Comité assumant la tâche de mener à fin, dans l'intérêt général, par les moyens ci-après indiqués, la complète construction de la chapelle catholique à Pontaillac qui est la condition et le but de la donation de M. Lacaze.

L'offre ainsi faite ayant été acceptée par la Fabrique, en raison de ce qu'elle ne peut en ce moment assumer de nouvelles charges, il a été convenu que la Chapelle serait construite par les soins du Comité seul et avec les ressources qu'il pourrait recueillir sans aucune garantie de la part de la Fabrique; et en conséquence, il a été établi entre le Comité et la Fabrique, le traité ci-après :

TRAITÉ AVEC LA FABRIQUE DE ROYAN

Institution d'un Comité

Le Comité doit à ses frais faire construire à Pontaillac, sur le terrain donné à cet effet par M. Lacaze, une chapelle catholique de secours paroissial, annexe de l'Eglise de Royan.

Dénomination. — Siège

Le Comité a pris la dénomination de Comité de Secours pour la construction de la chapelle de Pontaillac. Son siège a été fixé au presbytère de Royan.

Objet

Le Comité a pour objet de se procurer ou recueillir, par dons, souscriptions et emprunts, les ressources nécessaires à la construction de la Chapelle, les affecter à cet emploi, dresser les plans et devis des travaux, assurer et surveiller leur exécution, assurer en outre le remboursement de toutes sommes dues.

Durée

Le Comité existera jusqu'à ce que la Chapelle ait été terminée, et jusqu'à ce que tous emprunts ou sommes souscrites et versées, à titre d'avances pour la construction et l'ornementation de la dite Chapelle, aient été remboursées comme il sera ci-après expliqué.

Charges, Pouvoirs et Droits

Le Comité aura les pouvoirs et droits et sera tenu des charges ci-après déterminés :

ARTICLE PREMIER. — Il recueillera les ressources nécessaires pour la construction de la Chapelle, sa décoration et son ornementation.

A cet effet, il recevra seul tous les fonds. La Fabrique de l'Eglise Paroissiale de Royan sera tenue de lui remettre les fonds qu'elle aurait reçus elle-même pour la Chapelle de Pontaillac.

Il tiendra comptabilité de ses recettes.

Il fera le nécessaire pour obtenir le paiement des sommes payables à terme; comme il sera dit plus loin, il aura tous pouvoirs pour agir à cet effet.

ARTICLE DEUXIÈME. — Le Comité affectera les sommes qu'il se sera procurées par dons, souscriptions ou emprunts, à la construction de la Chapelle et à ses décoration, ornementation, sans pouvoir en distraire ou réserver aucune partie.

Il tiendra comptabilité de ses dépenses.

Il devra faire en sorte qu'à aucun moment les dépenses ne puissent être immédiatement couvertes par les fonds en caisse.

ARTICLE TROISIÈME. — Le Comité dressera les plans et devis des travaux, assurera et surveillera leur exécution.

Ces plans et devis seront dressés par M. Rullier, architecte, demeurant à Saintes, et leur exécution sera surveillée et dirigée par M. Lacaze.

Les devis ne devront pas s'élever au-dessus de soixante mille francs.

Aucun travail d'ornementation ou autre, aucun objet d'utilité ou de décoration, en un mot rien ne pourra être fait ou placé dans la Chapelle sans l'approbation du Comité, approbation qui ne pourra avoir lieu qu'après rapport, soit de l'architecte, soit de M. Lacaze, ce dernier spécialement chargé par le Comité, de la surveillance et de la direction des travaux de construction, d'entretien, d'aménagement et de décoration de la Chapelle.

ARTICLE QUATRIÈME. — Le Comité veillera au fonctionnement de la Chapelle selon sa destination. La Fabrique fera tout ce qui lui sera possible pour y assurer le service public et permanent du culte catholique.

Les offices religieux devront y être célébrés tous les jours pendant la période du 15 juin au 15 octobre, et tous les dimanches et jours de fêtes de l'Église pendant le reste de l'année, et même tous les jours de l'année si les ressources le permettent.

ARTICLE CINQUIÈME. — Le Comité assurera le remboursement des sommes dues.

Chaque année, le Comité dressera un budget pour l'entretien de la Chapelle de Pontaillac, le service des intérêts dont il va être parlé et l'amortissement de la dette remboursable.

Ce budget sera alimenté annuellement par le produit : 1° de la location des bancs et chaises de la Chapelle ; 2° le montant des quêtes, dons et offrandes.

Composition du Comité

ARTICLE SIXIÈME. — Le Comité, dont M. Lacaze, comme donateur du terrain, fera toujours partie de droit, comprendra au moins trois membres, dont un Président, un Secrétaire et un Trésorier, qui apporteront à l'œuvre jusqu'à sa perfection leurs soins et leur dévouement. Il aura pour Président d'honneur Monsieur le Curé Doyen de N.-D. de Royan.

Il est dès maintenant composé des trois membres dénommés plus haut, MM. Lacaze, Beck et Denis, lesquels pourront s'adjoindre, s'ils le jugent à propos, plusieurs autres membres pris parmi les souscripteurs, à leur choix, et cela sans avoir personne à consulter, sauf notification à faire des noms des nouveaux membres à la plus prochaine assemblée générale des souscripteurs.

Il ne sera alloué aux membres du Comité aucune indemnité, ni aucune rétribution ou allocation quelconque.

En cas de vacance par décès, démission ou autrement d'un ou plusieurs membres actifs du Comité, les nouveaux membres seront choisis et présentés à l'assemblée générale dont il va être parlé, par le Comité, parmi les souscripteurs de mille francs au moins et, à défaut, parmi les plus forts souscripteurs.

Ce choix devra toujours être ratifié par l'assemblée générale.

Les membres du Comité prennent, par le fait de leur acceptation, l'engagement d'honneur de ne donner leur démission ou de ne se retirer que pour les motifs les plus sérieux et les plus excusables.

Les souscripteurs à l'œuvre pour mille francs et plus feront de droit partie du Comité, mais à titre consultatif seulement.

Ils pourront être appelés à délibérer comme suppléants, toutes les fois que les membres en charge ne seront pas en majorité, c'est-à-dire au nombre de trois.

Les membres du Comité ne pourront pas, dans leurs fonctions, se faire représenter par mandataire, mais ils pourront individuellement exprimer leur vote sur une question déterminée par lettre signée d'eux et adressée au Président du Comité.

Cette faculté n'empêchera pas qu'il y ait toujours, dans les séances du Comité, trois membres délibérants effectivement présents.

Fonctionnement du Comité

ARTICLE SEPTIÈME. — Le Comité fixera lui-même l'ordre, la tenue, le mode et les époques de ses réunions.

Procès-verbal sera dressé de chacune de ses délibérations et transcrit sur un registre spécial qui sera communiqué sans déplacement à tout souscripteur, sur sa demande, pendant les quinze jours qui précèderont chaque assemblée générale

Les décisions du Comité seront toujours prises à la majorité. La voix du président sera, en cas de partage, prépondérante.

Le Comité pourra déléguer un ou plusieurs de ses membres pour telle cause que ce soit, mais seulement pour des cas spéciaux et temporairement.

En dehors des obligations ci-dessus déterminées, le Comité sera chargé de convoquer annuellement, par lettres individuelles ou insertion dans l'un des journaux de Royan, les souscripteurs à l'œuvre en assemblée générale, et de présenter à cette assemblée un rapport sur l'exercice écoulé et sur les prévisions de l'exercice suivant.

Ce rapport fera connaître notamment la situation budgétaire.

Assemblées Générales

ARTICLE HUITIÈME. — Chaque année, pendant le mois de Septembre, tous les souscripteurs seront convoqués par le Comité en assemblée générale, dans un lieu désigné pour prendre connaissance des choses de l'œuvre.

Les assemblées générales seront présidées par un des membres du Comité.

L'Assemblée générale ne pourra délibérer si elle ne comprend au moins un cinquième des souscripteurs connus à la première convocation, et quel qu'en soit le nombre, à la seconde convocation faite à huit jours d'intervalle.

Les décisions seront prises à la majorité des membres présents.

Seront soumis à l'approbation de l'assemblée générale :

1° Le compte-rendu moral et financier de l'œuvre ;

2° L'augmentation, s'il y a lieu, du capital de construction prévue.

3° Le remplacement, mais en cas seulement de démission ou de décès, d'un ou de plusieurs membres en charge du Comité.

Sur toutes autres questions, l'Assemblée n'aura qu'un droit consultatif.

Les assemblées générales prendront fin en même temps que le Comité.

Des Souscriptions

ARTICLE NEUVIÈME. — Les souscriptions seront à toutes époques reçues au presbytère de Royan, siège du Comité, et chez MM. les Membres du Comité.

Le montant des souscriptions sera payable en deniers, soit pour le tout au comptant, soit moitié au comptant, et moitié dans l'année de la souscription.

Seront considérées comme avances les sommes versées à condition de remboursement, et comme dons les sommes versées sans cette condition.

La première catégorie de ces sommes produira des intérêts et sera remboursable comme il va être dit :

Les souscriptions seront constatées au moyen :

1° De *Feuilles de Déclarations* pour les souscriptions non intégralement payées au comptant, sur lesquelles seront apposées les signatures des déclarants.

2° D'un *Livre de Remboursement* sur lequel seront inscrites les souscriptions remboursables sous les noms de leurs auteurs avec numéro d'ordre.

3° D'un *Livre-journal* sur lequel seront portés jour par jour les sommes recueillies et les noms connus des parties versantes.

4° D'un ou plusieurs *Quittanciers* à souche.

Il sera délivré récépissé provisoire de toute somme versée.

Les récépissés définitifs devront toujours être revêtus des signatures du Président et du Trésorier du Comité.

Les récépissés mentionneront que la somme a été versée à titre d'avance ou à titre de don, et si c'est à titre d'avance, indiqueront le numéro d'inscription de la somme au livre des remboursements.

Les versements faits par les membres du Comité pour leur compte personnel ne seront valablement constatés que si le récépissé à eux délivré est revêtu des signatures de deux autres membres du Comité.

Ne pourront être reçues à titre d'avances que les sommes de cent francs et au-dessus.

M. le Curé doyen de N.-D. de Royan et MM. les Président et Trésorier de la Fabrique pourront à leur volonté prendre communication des livres de la comptabilité du Comité.

Les membres du Comité ne seront responsables que de la garde des fonds qu'ils auront reçus et de leur emploi, comme il est ci-dessus indiqué.

Le fait de la souscription entraînera de droit, pour chaque souscripteur, l'adhésion aux présentes conventions.

Il sera remis, sur sa demande, à chaque souscripteur un exemplaire imprimé des dites conventions.

Les héritiers représentants ou ayants cause des souscripteurs ne pourront, dans leurs rapports avec l'œuvre de la Chapelle de Pontaillac, être représentés que par un seul d'entre eux, qu'ils devront désigner spontanément et à première demande du Comité.

Intérêts et Annuités de Remboursement

ARTICLE DIXIÈME. — Les sommes versées à titre d'avance seront productives d'intérêts, à quatre pour cent par an, payables annuellement, dans le courant du mois de novembre, au siège du Comité.

Ces intérêts seront calculés aux dates des premier janvier, avril, juillet et octobre, et partiront seulement de celle de ces dates qui aura suivi l'époque du versement.

Ils seront prélevés sur les revenus nets et après

paiement des charges inhérentes au fonctionnement de la Chapelle.

Leur service pourra être momentanément diminué ou même suspendu sur la constatation, faite en assemblée générale, après explications et justifications présentées par le Comité, que toutes les ressources disponibles ont été épuisées par l'œuvre, après avoir été employées régulièrement comme il est ci-dessus prévu.

Cette suspension cessera aussitôt que de nouvelles ressources disponibles seront accrues à l'œuvre.

Les capitaux souscrits à titre d'avances seront remboursés et amortis par annuités prises seulement sur les revenus nets de l'œuvre, et après prélèvement des intérêts.

Le montant de ces annuités variera avec les revenus et sera fixé annuellement par le Comité, l'assemblée générale consultée.

Le service des annuités ne se confondra pas avec celui des intérêts, mais ces deux services seront faits de la même manière et aux mêmes lieux et époques.

Le service des annuités pourra être momentanément suspendu pour cause d'épuisement de revenus, et ensuite repris, mais, dans tous les cas, la chapelle et ses dépendances sont formellement déclarées et reconnues inaliénables par les souscripteurs ou leurs ayants cause.

Fonds de Propagande

ARTICLE ONZIÈME. — Le Comité sera autorisé à employer annuellement, jusqu'à complète réalisation de l'œuvre, à la charge d'en rendre compte à l'assemblée générale, une certaine somme, peu importante, en dépense de publicité et de propagande.

Un exemplaire des conventions qui précèdent sera affiché au siège du Comité et dans tous autres lieux que désignera le Comité.

Sort de l'Œuvre après la retraite du Comité

ARTICLE DOUZIÈME. — La fabrique de l'Eglise paroissiale de Royan, après la retraite du Comité, conservera à l'œuvre de la Chapelle de Pontaillac son individualité, et affectera à l'entretien, l'embellissement et l'ornementation et même, s'il y avait lieu, à l'agrandissement de la Chapelle, les ressources que ses revenus auront produites.

Membres Protecteurs de l'Œuvre

ARTICLE TREIZIÈME. — L'Œuvre de la Chapelle de Pontaillac est placée sous le haut patronage et la bienveillante protection de :

• Monseigneur l'Evêque du Diocèse ;

Monseigneur Petit, Evêque du Puy, ancien vicaire général à La Rochelle ;

Monsieur l'abbé Portier, chanoine honoraire, archiprêtre de Rochefort, ancien curé doyen de Royan ;

Et Monsieur l'abbé Dionnet, chanoine honoraire, curé doyen de Royan.

Domicile

ARTICLE QUATORZIÈME. — Pour l'exécution de ce traité, domicile est élu au presbytère de Royan. L'adhésion aux présentes entraînera, pour tout souscripteur, même élection de domicile.

APPENDICE C

Pétition adressée le 6 Septembre 1873 au Maire de Royan pour l'emplerrement de l'avenue de Paris (anciennement chemin d'exploitation de la forêt de Pontaillac).

A Monsieur le Maire de la Commune de Royan.

MONSIEUR LE MAIRE,

Nous avons l'honneur de vous demander de vouloir bien proposer à l'Administration supérieure le classement du chemin dit d'Exploitation qui traverse la forêt de Pontaillac.

Ce chemin qui a huit cent mètres environ de longueur se soude, en amont, au chemin vicinal nº 7 de Royan à Pontaillac, et, en aval, au chemin de grande communication nº 77 de Royan à Terre-Nègre.

La nécessité et l'importance de cette nouvelle voie de communication se démontre par les considérations suivantes :

1º La circulation considérable qui a lieu pendant l'été entre Royan et Pontaillac a prouvé l'insuffisance des routes existantes.

La sécurité publique n'est pas assurée, notamment aux abords de la conche.

L'encombrement en cet endroit est un fait qui n'a certainement pas dû échapper à l'attention de l'Administration.

Il est même à remarquer que si nous avons deux routes sur Royan, ces deux routes, qui se soudent et se confondent à l'origine de la rampe qui conduit à la conche, n'en forment plus qu'une à l'endroit qui est précisément le plus fréquenté, c'est-à-dire en face de la conche.

L'artère proposée ferait disparaître ce dernier et grave inconvénient.

En effet, les voitures arrivant de Royan par l'une des deux routes existantes retourneraient par la voie nouvelle sur laquelle s'ouvrent, en regard de la conche, cinq rues de dix mètres de largeur chacune : ces cinq rues formeraient autant de débouchés pour le le trop-plein des abords de la conche.

2° Le chemin de grande communication n° 77 de Royan à Terre-Nègre se trouve menacé dans la partie même qui confronte à la conche de Pontaillac.

Malgré les travaux de défense faits une première fois, entièrement détruits l'hiver dernier et remplacés, mais en partie seulement, cet été, il est toujours à craindre que la mer ne vienne un jour interrompre sur cette portion de route la circulation publique.

Or, le chemin dont nous sollicitons en ce moment l'exécution serait, dans ce dernier cas, d'une grande utilité puisqu'il remplacerait entièrement, et sans aucun allongement de parcours, la partie du chemin de grande communication précité qui aurait été atteinte par la mer.

En présence de ces deux considérations qui sont d'ordre public et d'intérêt général, nous sommes persuadés, Monsieur le Maire, que le Conseil municipal comprendra l'importance qu'il y a pour notre pays surtout de rendre de plus en plus sûre et *facile* la circulation publique et qu'il voudra faire alors droit à notre demande.

Du reste, nous ne pensons pas qu'il puisse ou veuille refuser les offres sérieuses de concours que nous lui adressons ci-dessous pour faciliter l'exécution de cette nouvelle voie, qui a, nous le répétons, un caractère d'utilité publique.

En terminant nous nous permettrons, Monsieur le Maire, de vous faire remarquer que Pontaillac, annexe de Royan, forme aujourd'hui une des sources importantes des revenus de la commune ; et, s'il nous était permis de nous plaindre de l'état d'infériorité où nous sommes cependant placés, nous dirions que malgré que nous supportions notamment les charges de l'octroi qui a étendu ses limites jusqu'à nous, nous sommes encore privés non pas seulement de l'éclairage par le gaz dont jouit Royan, mais même de toute espèce d'éclairage public !

Mais non, nous n'élevons pas de plainte : nous constatons seulement un fait et nous nous empressons

d'ajouter que nous croyons que la municipalité AC-
TUELLE TRAITERA TOUS LES INTÉRÊTS DE LA COMMUNE
SUR LE PIED D'UNE PARFAITE ÉGALITÉ et qu'elle comprendra qu'il n'y a pas rivalité mais communauté d'intérêts entre Royan et Pontaillac, et que Pontaillac
n'est au fond que l'expansion nécessaire et le com-
plément indispensable de Royan.

Nous sommes avec respect, Monsieur le Maire, vos
très humbles et obéissants serviteurs.

ATHANASE LACAZE,   B. CALARET,   FOUGÈRE,

J.-A. MOTELAY,   LEBEAUD.

Pontaillac, le 6 Septembre 1873.

Observation. — Au bas de cette pétition se trouvait
la liste des souscriptions.

APPENDICE D

Offre de concours pour l'exécution du chemin d'exploitation (Avenue de Paris).

*A Monsieur le Maire et Messieurs les membres
du Conseil municipal de Royan.*

MONSIEUR LE MAIRE,

MESSIEURS LES CONSEILLERS,

Le chemin vicinal n° 1 a été classé le 15 avril 1881 avec une largeur de seize mètres dans la traverse de la forêt de Pontaillac.

Sur votre ordre, M. l'Agent-voyer a dressé deux variantes du tracé de ce chemin.

J'ai pris connaissance de ces tracés, qui vont, m'a-t-on dit, être soumis à votre approbation.

Le tracé bleu qui présente une ligne droite a toutes mes préférences.

Si ce tracé est adopté par vous, j'offre à la commune :

1° De lui céder gratuitement tous les terrains m'appartenant (3000 mètres carrés environ) que doit emprunter ce tracé.

2° De verser dans la caisse municipale la somme de six mille francs dans le mois qui suivra la réception et la livraison au public de la dite voie.

Les offres ci-dessus sont faites à la condition expresse que l'exécution de la dite route AURA LIEU DE CE JOUR A UN AN.

Dès que vous m'aurez fait connaître votre décision, je m'empresserai, Monsieur le Maire, de régulariser les présentes offres.

Je suis, etc.

Signé : A. LACAZE.

Pontaillac, le 3 Octobre 1882.

12

APPENDICE E

Recettes du Kursaal et du Casino de Royan

Le Kursaal de Pontaillac, dont Léon Bordeu fut le créateur et l'organisateur dans le vaste bâtiment de l'Hôtel de l'Europe, fit l'année de son ouverture une recette de 42.000 fr , et le Casino de Royan 80.000 fr.

La 2e saison, les recettes furent : Kursaal 62.000 fr.; Casino 140.000 fr. (1)

Lorsque Bordeu vint la première fois à Pontaillac et qu'il vit l'hôtel de l'Europe il me dit: « Maison isolée, entourée d'un jardin, un peu éloignée de Royan... mais c'est tout ce qu'il me faut » — et comme je lui faisais remarquer que la mer était en face, « c'est très bien me répondit-il, mais votre mer n'est pas visible à minuit... Les joueurs croyez-moi, ne sont guère sensibles à la belle nature et ce n'est pas pour cela qu'ils viendront ici.. » Ce qu'il faut c'est un orchestre hors page et je l'aurai.

Le second secret de Bordeu fut d'installer entre le Casino de Royan et le Kursaal de Pontaillac, de confortables landaus conduits par d'habiles cochers à la livrée de la maison et de procurer ainsi à tout joueur en déveine le temps de se remettre dans la promenade du Kursaal au Casino, ou du Casino au Kursaal. — Dieu sait si on allait et venait pendant toute la nuit sur la grande avenue de Royan à Pontaillac : les habitants de ce quartier se le rappellent encore.

Mais Bordeu qui avait eu la malheureuse idée de monter en 1881, à Bagnères de Luchon un des plus grands hôtels de cette station (l'Hôtel du Parc) justifia le proverbe qu'*il ne faut pas courir deux lièvres à la fois*. Luchon tua Pontaillac.

---

(1) Si j'avais le Kursaal et le Casino disait Bordeu, je ferais quatre cent mille francs... mais il me faudrait l'un et l'autre.

APPENDICE F

Démolition d'une Maison

« Summum jus, summa injuria »

Sur une indication jalouse et sous une poussée de haine, comme les petites villes en connaissent, l'Etat, oubliant les services rendus au pays par mon père, ne craignit pas de descendre jusqu'à rechercher une de ces misérables querelles que de mauvais voisins seuls savent trouver et exploiter.

Voici le fait.

En 1852, l'Etat, comme on l'a vu, avait aliéné son domaine de Pontaillac. — Le cahier des charges, cette pièce essentielle de toute adjudication, ne mentionnait aucune réserve de terrain en sa faveur.

Or, un jour, en 1869, à la sollicitation de quelques particuliers moralement aidés dans leur vilaine besogne par l'Administration locale, l'Etat, prétextant qu'il n'avait pas compris dans le plan d'adjudication un lopin de quelques mètres, de forme triangulaire, situé sur la falaise et en face précisément de la place actuelle de Pontaillac, demanda et obtint en justice la démolition d'une maison que mon père, avec la plus entière bonne foi, avait construite sur ce lambeau de sable, qu'il regardait, lui, acquéreur de tout Pontaillac, comme faisant nécessairement partie du domaine vendu par l'Etat.

Cette honteuse démolition eut lieu en 1872.

Or, à 18 ans de là, la Ville de Royan se trouva en notre présence, mais dans un cas autrement grave.

Elle avait cédé, moyennant quelques misérables francs (moins de quatre mille francs), plus de la moitié du terrain affecté par mon père (5.584 mètres) à une grande place publique à Pontaillac.

Trois importantes villas avaient été construites sur le terrain pris et cédé par la ville : ce sont les villas

Gabrielle, Jeanne-d'Arc et St-Michel; ces villas appartiennent aujourd'hui à M. Pascaud, ingénieur en chef des ponts et chaussées; M. le comte de La Roche-Aymon, et M. Vigean, tous résidant à Paris.

Nous étions en droit, et sans que personne pût nous taxer d'être un chercheur de querelles, de demander la réintégration du terrain pris à la place et d'obtenir, par conséquent, la démolition immédiate de ces trois immeubles.

La carte à payer, par la Ville eût été au bas mot de trois cent mille francs pour *éviction*, sans compter d'autre part des dommages-intérêts qui auraient pu élever la note à quatre cent mille francs. — C'était la ruine de Royan !

Or, nous préférâmes dire à la Ville : « Mon père, je le sais, n'a jamais cherché à se venger; il a vécu sans connaître cette vilaine passion qui s'appelle la haine... Il n'a eu qu'une passion, celle de Pontaillac, et j'en ai hérité.

» Donnez-moi un contrat qui m'assure que Pontaillac sera désormais traité sur le même pied que Royan et je me déclarerai satisfait. Autrement dit, remplissez enfin et engagez-vous à remplir à l'avenir et pour toujours votre devoir envers Pontaillac que mon père et moi avons créé, et je ne vous demanderai rien de plus ».

Or, c'est de là que sont sorties les conventions passées entre la ville de Royan et nous, et que nous publions dans ce volume.

UNE

ÉLECTION MUNICIPALE

EN 1892

UNE

ÉLECTION MUNICIPALE

EN 1892

« Notre mérite nous attire l'estime des honnêtes gens,
» et notre étoile celle du public. »

LA ROCHEFOUCAULD.

Lettre d'un Solitaire aux Electeurs de la ville de Naroy

J'habite au milieu d'une petite forêt, très près
de la petite ville de Naroy ; — ma maison n'est pas
grande, mais elle est jolie, « parva, sed apta », et
les jardins qui l'entourent sont pleins de séduc-
tion.

Comme aucune route ni départementale, ni
communale ne passe encore devant chez moi, je
n'ai besoin ni du préfet, ni du maire et n'ai pas
affaire à eux. Je fais entretenir moi-même le
chemin qui me conduit à celui qui va chez tout
le monde et dont je me sers pou.

La seule autorité qui m'apparaisse quelque fois est le garde-champêtre; sans le brassard de ce brave homme, où le mot « Loi » brille en grosses lettres de cuivre repoussé, je ne me rappellerais plus qu'à côté et au-dessus de moi, il existe des gens chargés de veiller à la conservation de mon bien et de ma personne; — qu'on est donc heureux d'être ainsi gardé et conservé sans qu'on ait à s'en douter !

. . . .

Mais il paraît qu'il n'en est pas de même de vous, mes chers voisins, car j'apprends que vous êtes en ce moment dans la plus grande agitation et qu'il n'est aucun de vous qui ne paraisse inquiet du sort que va faire à son quartier l'élection prochaine d'un nouveau conseil d'où doivent sortir un maire et, je crois, deux adjoints, c'est-à-dire trois personnes dont la vigilance pendant quatre ans est appelée à remplacer la vôtre.

Puisque vous êtes dans cette nécessité et que vous ne pouvez éviter de prendre des mandataires de votre repos, ayez au moins la prudence de choisir des hommes qui aient la générosité et la sagesse du dévouement que vous voulez leur imposer.

Je vais donc, si vous le permettez, vous dire ce que, pour vous, je vois d'ici, c'est-à-dire du fond de ma solitude, lieu bien choisi en vérité pour être votre conseil, car il me laisse sans envie et sans ambition; — et qu'envierais-je, grand Dieu !

et qu'ambitionnerais-je sagement à mon âge! Âge
qui n'est cependant pas, comme vous pourriez
le supposer, celui de la décrépitude, mais celui
du doux recueillement et de l'enivrant repos de
la pensée dans l'étude.

Je vous dirai donc, mes chers voisins, que, si
j'étais électeur parmi vous, je visiterais tous les
quartiers de ma ville. Je les examinerais atten-
tivement pour m'arrêter à celui que je verrais
parfaitement pourvu et entretenu de toutes les
choses utiles. Si je choisis un pareil quartier, c'est
que je veux que l'excessive délicatesse d'âme du
candidat que je cherche se trouve ainsi à l'abri
du soupçon d'avoir pu ambitionner, pour le distraire à son profit ou même seulement au profit
de ses voisins, le pouvoir qui ne lui a été donné
que pour le bien de tous.

Je m'informerais ensuite du plus loyal, du plus
énergique et du plus instruit des habitants de cet
heureux quartier qui n'a plus rien à demander
aux édiles.

Je visiterais alors cet homme fortuné et je le
prierais si instamment de vouloir bien prendre
sur ses loisirs et sur son repos; je ferais tant
d'instances auprès de lui et je lui montrerais avec
tant d'éloquence le bien qu'il peut rendre à la
cité, qu'il consentirait enfin à me représenter.

Mais au contraire je rejetterais avec mépris
celui qui se serait offert à mon suffrage, estimant
qu'un homme sage ne va pas de lui-même et sans

y être appelé au-devant d'une charge qui exige toujours, comme le mot lui-même l'indique, des efforts et des sacrifices !

Et cela me serait, je crois, facile, mes chers voisins, surtout si j'habitais comme vous une petite ville où tout le monde se connaît et où vous pouvez rechercher sans beaucoup de peine l'honnêteté et la loyauté de votre représentant jusque chez son aïeul, ce qui vous donnerait une garantie d'un siècle au moins de vertus incontestées.

. . . .

Mais je rougis du langage plein de démence que je tiens devant vous.

Est-il croyable en effet qu'un homme qui connaît son époque puisse, sans paraître avoir perdu la raison, rechercher aujourd'hui des vertus qui ont pu honorer autrefois les élus de nos viriles libertés communales, lorsque la garde de ces libertés n'était confiée par des hommes dignes qu'à d'autres qu'ils estimaient encore plus dignes qu'eux !

O vertueux édiles ! que diriez-vous aujourd'hui si vous aviez à vous présenter aux suffrages de ce peuple d'électeurs, formé de la foule non-seulement de vos concitoyens mais de tous ceux qui habitent votre cité? Qui êtes-vous et qu'avez-vous fait pour nous et parmi nous, pour avoir le droit d'entrer dans nos délibérations? diriez-vous à ces étrangers.

Pensez-vous donc que nous tenions en si petite estime les droits que nos pères nous ont fait sur cette cité, pour vouloir les partager avec tous venants?

N'avez-vous donc plus de concitoyens dans la ville qui vous a vu naître ou bien avez-vous démérité de leur confiance ?

. . . .

Et à ce même moment j'aperçois Eleuctre, qui pendant tout son âge mûr a administré votre ville, et qui, à l'appel que je viens de faire entendre, a bien voulu quitter le lieu de repos où vous l'avez conduit avec tant de regrets et de larmes, il y a déjà de longues années.

Sa vue n'a rien qui me trouble, bien que je sache qu'il n'appartienne plus aux vivants.

Je m'approche et, sans qu'il ait eu à prononcer une seule parole, je comprends, par l'infinie douceur de son regard, qu'il me prie d'abandonner un instant ma solitude pour l'accompagner au milieu de ceux qu'il a autrefois entourés d'une affection si vive et d'un dévouement si paternel !

. . . .

Je marche donc à côté de lui et pendant notre route je comprends qu'il n'est visible que pour moi, car je salue ceux que nous rencontrons, sans qu'ils paraissent se douter que je suis avec le juste, le sage et le puissant Eleuctre, que leurs pères ou eux-mêmes ont connu.

Nous entrons dans votre chère cité; nous arri-

vons sur la promenade qui domine la mer; la
foule en cet endroit est grande, mais elle n'a
aucun regard pour les flots qui se pressent et
gémissent devant elle et qui par moment, comme
pris d'une fureur jalouse, crient et pleurent mais
vainement pour forcer son attention.

Nous suivons un groupe qui se dirige vers une
grande porte qui donne entrée dans une vaste
enceinte qu'Eleuctre ne connaît pas, car elle
n'existait pas de son temps; elle vient d'être
construite pour les jeux et les consultations du
peuple, consultations que lui n'a jamais connues
en dehors de la maison commune.

Je n'avais pas encore franchi le vestibule qu'E-
leuctre, qui m'avait précédé, était déjà entré.
Je le vis debout derrière trois hommes assis sur
une vaste estrade d'où l'on dominait toute l'assis-
tance.

L'homme du milieu qui paraissait diriger
l'assemblée portait une épaisse barbe inculte et
pleine de désordre, à laquelle venaient s'ajouter
le long de ses joues amaigries des flots de cheveux
plats et longs, qui, à de certains moments, empê-
chaient même de voir ses yeux.

J'interrogeai, et l'on me répondit que c'était
un poète arrivé depuis quelques années dans la
ville pour chercher la fortune sous la bienveillante protection et avec l'aide des édiles; — on
me dit également son nom, qui avait lui aussi une
lugubre signification.

Malgré ce rapide renseignement, je ne pus m'empêcher de croire que cet homme s'était déguisé pour en imposer à la foule par l'étrangeté de sa tête.

Je voulus alors m'approcher et entrer dans l'enceinte, car j'étais resté jusque là avec plusieurs autres dans le vestibule ouvert, lorsqu'un homme m'arrêta vivement et me demanda si j'avais une carte m'autorisant à pénétrer dans la réunion du comité républicain ! — Sur mon geste de tête négatif, cet homme, qui n'avait cependant d'autre signe de pouvoir sur moi que sa haute structure, m'invita à me retirer, bien qu'il me connût et sût que je n'étais ni un malfaiteur ni un homme capable de troubler une assemblée d'hommes et à plus forte raison une assemblée que je ne croyais composée que des plus honorables de vos concitoyens.

Je sortis, mais avant je jetai un regard du côté de l'estrade pour savoir si Eleuctre y était encore ; Eleuctre avait disparu. Je regagnais ma chère solitude que je n'aurais pas dû quitter, lorsqu'Eleuctre m'apparut de nouveau, mais cette fois avec des traits aussi sévères qu'attristés.

Dans une prochaine lettre je vous ferai connaître ce qu'Eleuctre aura su m'apprendre.

La Forêt, ce 18 Avril 1892.

A. DE VALOMBRE.

2ᵉ Lettre d'un Solitaire à ses voisins les électeurs de la Ville de Naroy

Eleuctre a pu m'apprendre qu'au même moment où, comme je vous l'ai dit, je voulus entrer dans la salle, un grand tumulte venait de s'élever au sujet de la proposition d'un jeune conseiller encore en fonctions qui demandait qu'on accordât des places, dans la représentation communale, à ce qu'il appelait le parti conservateur; il proposait en conséquence au Comité de ne présenter aux suffrages du public que dix-neuf républicains sur les vingt-trois conseillers à élire.

D'après Eleuctre, des regards menaçants se
tournèrent aussitôt vers ce jeune homme ; vous
n'êtes plus républicain, lui dit-on, pour venir
nous proposer d'admettre parmi nous des hommes
dont les opinions nous sont odieuses ; avez-vous
donc oublié que la République n'appartient qu'à
nous et que nous seuls avons le droit de prendre
part au pouvoir ? — Vous voulez nous trahir, mais
nous saurons bien vous en empêcher.

Le jeune homme s'était tu ; son courage était
à bout ; il venait de comprendre qu'il avait été
imprudent et il laissa rendre sans protester, et
en y participant même, le jugement qui déclarait
exclus du conseil de la commune ceux qu'il avait
désignés sous le nom de conservateurs.

Mais l'esprit d'Eleuctre, qui pénétrait dans le
cœur et dans la pensée de chacun, avait vu à
l'instant même que ceux qui s'étaient élevés avec
tant de colère contre cette sage proposition
avaient été saisis d'une étrange frayeur en enten-
dant proposer d'abaisser le nombre des sièges à
occuper ; chacun d'eux en effet voyait avec effroi
diminuer ainsi ses chances personnelles et il ne
s'en trouvait pas un qui, plutôt que de s'exposer
à un échec, n'eût sacrifié cent fois jusqu'à ce
jeune conseiller qui appartenait cependant depuis
longtemps à leur parti.

Eleuctre vit également que ces mêmes hommes
étaient par contre pénétrés d'une secrète honte,
car ils savaient que ceux qu'ils repoussaient au

nom de leur jalouse et inquiète ambition étaient
précisément les plus dignes et les plus capables
de la cité ! Ils comprenaient même et s'avouaient
que l'assemblée communale se trouverait rehaus-
sée dans sa dignité et dans son prestige vis-à-vis
de l'opinion publique, par la présence de ces
hommes qui, par leur position, leur instruction
et leur indépendance, auraient honoré le titre de
conseiller bien plus qu'ils n'en auraient été hono-
rés eux-mêmes.

Ils sentaient également que ces mêmes hommes,
qui depuis vingt ans se tiennent si dignement à
l'écart, étaient incapables d'ambitionner et surtout d'employer cette politique d'échelons dont
le premier degré pour arriver au pouvoir a été,
pour un si grand nombre, la modeste représentation municipale.

Mais ce qui affligea surtout Eleuctre, c'est que
le nom du fils d'un de ses plus honorables collè-
gues d'autrefois avait été repoussé.

Eh ! quoi, me dit-il, on a rejeté le fils de celui
qui par sa sagesse a rendu au pouvoir dont j'étais
revêtu tant de services, et dont la volonté éclairée
par la seule ambition du bien public, a si souvent
fixé la mienne.

O insensés, vous vous préférez au digne fils
d'Anselme !

Avec quels hommes allez-vous donc composer
le conseil de la cité, si vous rejetez les meilleurs !

Et Eleuctre ajouta :

Du reste, la punition de ces imprudents ne se fera pas longtemps attendre : écoutez plutôt ce que je vois.

Pleins d'une vanité bruyante qu'ils ont prise pour une aptitude à gouverner, infatués de l'orgueil jaloux de paraître, étrangers à toute étude et ne possédant la plupart que l'habileté relative du métier qu'ils exercent ou de l'industrie qu'ils professent, les élus de cette foule coupable tomberont bientôt et forcément sous la puissance de celui qui sera mis à leur tête comme ayant sinon un plus grand mérite du moins une plus grande habitude des affaires publiques.

Il n'existera plus alors de conseillers dans le conseil ; il ne restera qu'un homme pour voir, penser et agir pour tous, et n'ayant du reste, pour déguiser son étroite tyrannie, que quelques rares précautions à prendre vis-à-vis de la vanité ou de la cupidité de ceux qu'il continuera à appeler ses conseillers sans qu'il ait à les consulter.

Et alors, de ce pouvoir que ces ambitieux convoitaient avec tant d'âpreté, de cette puissance qu'ils voulaient exercer aux yeux de leurs concitoyens, il ne leur restera qu'un maître qui leur fera sentir de plus près leur ignorance et le vide de leur ambition.

Ils pensent, en effet, ces audacieux, que l'administration d'une cité n'exige que la vaniteuse envie de la gouverner !

Et ici Eleuctre me fit entrevoir, plutôt qu'il ne

13

les exposa, toutes les qualités et toutes les connaissances que réclame l'administration d'une ville;
connaissances et aptitudes si variées qu'on a été
dans l'obligation de mettre les communes sous
une étroite tutelle pour éviter leur désorganisation
et leur ruine. (¹)

Un administrateur, me dit Eleuctre, qui aurait
toutes les qualités qu'on serait en droit d'exiger
de lui pour gouverner une cité, pourrait com-
mander non-seulement à ses propres concitoyens,
mais aux citoyens de tout un pays; ce sont en
effet les mêmes soins, les mêmes efforts et les
mêmes vertus qu'on demande au pouvoir suprême
et avec une qualité en plus, ajouta Eleuctre en
donnant alors à sa voix un ton infiniment doux,
car la puissance communale doit être paternelle;
elle doit veiller sur chacun, elle est la gardienne
des intérêts du plus pauvre et du plus riche,
et elle a des soins particuliers qu'on ne pourrait
demander au pouvoir plus élevé mais aussi plus
éloigné, qui règne sur l'ensemble des citoyens
d'une même nation.

Qu'ils s'examinent alors, ceux qui ne craignent
pas de recevoir un pareil mandat et surtout ceux
qui l'envient et le recherchent avec éclat; qu'ils
descendent dans leur conscience et s'éprouvent
eux-mêmes pour savoir s'ils sont capables de se

(1) Le désintéressement du Pouvoir central dans les affaires communales, livrerait les minorités à la plus hideuse des tyrannies,
la tyrannie locale !

trouver placés au-dessus de leurs concitoyens et si cet honneur qui devrait en être un, n'est pas plutôt pour eux, aux yeux de ceux qui les entourent et les connaissent, une marque de présomptueuse vanité et par conséquent un signe de honte ! . . . .

Eleuctre m'a prié, mes chers voisins, de lui faire connaître le résultat de vos élections.

Dans une prochaine lettre je vous ferai savoir ce qu'il en pense.

La Forêt, ce 19 avril 1892.

A. DE VALOMBRE.

3° Lettre d'un Solitaire à ses voisins les Electeurs de la Ville de Naroy

Je viens d'apprendre à Eleuctre que le Comité qui s'intitule républicain et qui siégeait dans la séance à laquelle il avait assisté, avait dressé une première liste de quarante noms et que, parmi ces quarante élus de la première heure, l'assemblée, composée d'un tiers seulement des électeurs de la commune, avait choisi vingt-trois candidats; qu'il était ordonné à ces candidats de ne se présenter au peuple que sous le patronage exclusif du Comité.

. . . .

Et depuis quand, s'est écrié Eleuctre, la minorité impose-t-ell! sa volonté? D'où sort ce comité et de qui tient-il le pouvoir au nom duquel il

agit? Une réunion qui n'admet à délibérer qu'une
partie des électeurs ne peut pas s'appeler une
assemblée du peuple, mais bien un conciliabule; et
l'entente, même absolue, de cette minorité auda-
cieuse ne saurait conférer à aucun de ses membres une autorité qu'elle même n'a pas. —
Malheur aux cités qui se laissent diriger par des
groupes; la Liberté chez elles se voile le jour où
l'absolutisme de quelques-uns parvient par un
jeu d'audace à parler au nom de tous !

J'ai fait connaître ensuite à Eleuctre les noms
de ces candidats sans notoriété et parmi lesquels
se trouvent même des gens criblés de dettes; je
lui ai montré aussi, dans une circulaire rendue
publique, leur soumission à la volonté du Comité,
auquel, disent-ils, ils ne font qu'obéir en se pré-
sentant aux suffrages du peuple.

Eleuctre n'hésita pas à dire que malgré leur
apparente soumission à cette prétendue consul-
tation du peuple, ces vingt-trois candidats avaient
eux-mêmes dicté à l'avance et depuis longtemps
au comité directeur leur propre candidature, et que
les membres du Comité, ainsi que la foule *choisie*
de ses adhérents, n'étaient au fond que les com-
parses de ces ambitieux.

Il me rappela alors que le Bureau de la première réunion à laquelle il avait assisté était
composé d'un des membres les plus en vue du
Conseil à renouveler, ensuite d'un poète-journa-
liste subventionné par la commune et par consé-

quent de ceux que dans un pays voisin on appelle les reptiles du pouvoir, et enfin d'un ancien facteur rural actuellement devenu pour la circonstance aspirant candidat à la magistrature communale.

. . . .

Quelle honte, s'écria Eleuctre, de se présenter devant ses concitoyens sous un pareil patronage !

Non, dit Eleuctre, il n'y a plus d'honneur à devenir l'élu du peuple puisqu'au fond le peuple n'estime pas lui-même ceux qu'il élève.

Si, ajouta-t-il, pendant ma longue magistrature, j'avais pu soupçonner que je n'avais pas l'estime des meilleurs, des plus honorables et des plus vertueux de mes concitoyens, je n'aurais pu entendre dire même un instant que j'étais le premier de la cité; j'aurais abandonné le pouvoir, ne croyant pas qu'on puisse se montrer revêtu d'autorité, lorsque cette autorité n'est pas reconnue par ceux-là mêmes qui sont les plus capables et les plus dignes !

. . . .

Je voulus enfin, mes chers voisins, faire connaître à Eleuctre le résultat de vos élections, mais il me prévint en disant :

Le peuple n'a pu faire qu'un mauvais choix car il n'avait devant lui que des ambitieux.....

La Forêt, ce 30 avril 1892.

A. DE VALOMBRE.

Fin

Au Lecteur,

Je viens de dire en public ce que je sais des commencements de la « ville nouvelle » dont parle Eugène Pelletan, au chapitre XXI de son histoire de Royan.

Aujourd'hui que ces pages sont écrites, que j'ai dit tout haut et devant tout le monde ce que je pensais seul depuis longtemps, je me déclare satisfait comme tout homme après sa besogne faite.

Je devais du reste à Pontaillac le témoignage de ce que j'ai vu comme étant avec mon père le premier témoin de son origine. Et de plus, je tenais à publier son nom... qui pourrait me le reprocher !

Et maintenant :

Au lecteur qui m'aura lu et qui se sera montré d'humeur facile à l'égard de ces pages, je dirai merci !

Et au lecteur plus exigeant qui m'aura trouvé des défauts, ce qui lui était bien permis, je dirai simplement que je tacherai de lui plaire dans la suite... car ce récit aura une suite.

Mais à tous je puis dire que ces pages ont été écrites sans animosité contre les personnes comme aussi et surtout sans ambition littéraire !

J'ai voulu parler de Pontaillac ; j'en ai parlé et c'est tout le plaisir que j'attendais de ce travail... après cependant, celui de rencontrer un lecteur bienveillant... et je l'ai trouvé, cher lecteur, puisque vous avez bien voulu me suivre jusqu'ici.

A. L.

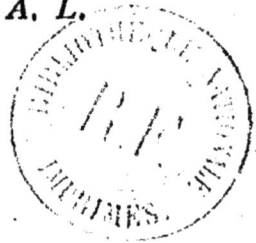

TABLE

ERRATA

L. D